你要努力生活，
也要善待自己

芃芃／著

目錄

Part 1 優雅俐落地前行，跟好運撞個滿懷

Part 2 那些迷人的女孩，心中都有自己的地圖

目錄

Part 5

冷清又熱鬧，我要把生活過成自己的樣子

Part 1

優雅俐落地前行，跟好運撞個滿懷

人生本就是一場冒險

不管你面臨什麼樣的抉擇，不管是出於何種目的，

當你猶豫時，可以先問問自己內心最想要的是什麼，

跟著自己的內心走。

大腦會計較得失，心會明白你的真正所願。

記得研究所放榜後，我考上的學校不是自己理想中的學校，當時整個人的情緒和心理狀況都不是很好。

我不知道該如何做出選擇，是放棄名額開始找工作，還是接受結果開始自己的研究生生涯。萬般無奈之下，我打電話給信任的老師。

老師在電話裡問我：「你告訴我，你願意為了一紙碩士文憑降低自己原本的期待，隨便選擇一所研究所嗎？」

我說：「我不願意。」

結束通話之後，我沒有再去徵求任何人的意見，拒絕了可能是自己唯一機會的院校遞來的橄欖枝。

第二天一早，老師傳了一段很長的話給我：

「每個人，每天早上起來要出門的時候，都要面臨兩條路：一條是通暢的大路，兩旁是高樓林立，燈紅酒綠，街上人來人往，誘惑在招手；另一條是通往高山的崎嶇小路，佈滿荊棘，要拿著砍刀、繩索才能踏上這條路。而且，根本無法知道前面還會遇到什麼。

大部分人都選擇走大路，因為不用費力氣，不用費腦子，不用努力，到處鶯歌燕舞，看似人生繁華。只有少數人選擇那條艱難的路，因為他們想要提升自己，想要與眾不同。

我明白了為什麼成功是屬於少數人的，為什麼大多數人平庸。**選擇的機會每天都有，每一天我們都可以重新做出選擇，但人們依舊按照慣例行事。**

我懂得了這個道理，就告訴自己，我不願平庸，我願意付出努力，我要與眾不同。」

當時，這段話給予了我堅信自己選擇的勇氣。

至今，我時常會把它翻出來看一看，甚至有時候，會把它送給一些在生活中暫時感到迷茫的人。

如今再回頭看這段話，再回顧曾經那段無比掙扎的經歷，我慶幸當初的自己堅持了內心所想，選擇了內心所愛，這才一步步逐漸成長為今天這個心有所期、精神明亮的自己。

長大之後，我們會慢慢發現，每個人的生活都會面臨很多的抉擇。小到衣食住行，大到就業、教育、戀愛。每一個取捨都通往一個路口，每一個路口都代表一種人生方向。或平坦順遂，或滿路荊棘。有的路會有撥開雲霧見天明的希望，有的路，一失足，千古恨。

正因為這樣，我們會格外在意每個人生關鍵時刻所做出的抉擇。**而有時候，正是因為格外在意，所以無形中束縛了自己大膽往前走的勇氣。**

在人生的十字路口，我們會猶豫，會遲疑，會不知所措，會選擇安於現狀甚至以逃避的心態面對當下可以改變的生活。

有的人不滿意自己的戀愛對象，但也不願意輕易放手。他們會時不時地向身邊的好友抱怨，甚至甘心忍受彼此不間斷的爭吵，但卻不敢徹底結束這段關係。

有的人不滿自己的工作，寧願帶著抱怨消極的心態去朝九晚五地上班甚至加班，也不願意選擇辭職，重新為自己選擇一條更好的職業發展道路。

有的人既想要提升學歷，又不願意放棄目前的工作，但又不能夠做到兩者的平衡，到最後一邊不滿現狀，一邊活在「當初為什麼不」的悔恨中。

他們會選擇問身邊很多很多的人，但唯獨忘記靜下來問問自己，內心最想要的是什麼。

人生本就是一場冒險，你永遠無法預料每一個抉擇之後需要面臨的狀況是什麼。

我們能夠做好的，就是堅持內心最本真的想法，時刻在成長的道路上保持憂患意識。

03

有很大一部分猶豫著是否要提升學歷的人，其實本身對自己所處現狀的滿意度並不如他們所言的那麼感到糟糕。潛意識裡，他們還是對當下的工作比較滿意的，至少是能滿足自己的心理預期的。

而他們**之所以會想要提升學歷，或者表現出對現狀的不滿意，很大一部分原因是他們受到了來自外界的壓力**。

當一個人開始有意識與別人進行比較時，如果那個比較對象的生活狀態比他好，這種差距感會迫使他產生要做出改變的念頭。但如果這種要改變的念頭不是很強烈，不足以讓他做出果斷的改變，他就會猶豫，會躊躇不前。

04

到底是選擇開始工作還是選擇提升學歷？到底是繼續維持一段不那麼融洽的感情還是選擇結束它？不管你面臨什麼樣的抉擇，不管是出於何種目的，當你猶豫時，可以先問問自己內心最想要的是什麼，跟著自己的內心走。大腦會計較得失，心會明白你真正所願的。

其次，可以仔細想一想做這件事情所能產生的最好的和最壞的結果。當你能夠接受最壞的結果，那還有什麼不敢去做的呢？

最重要的一點：無論身處什麼樣的境遇，無論選擇什麼樣的道路，時刻保持憂患意識，努力提升自己。

分享一則很有意思的小故事：

有一天，龍蝦與寄居蟹在深海中相遇，寄居蟹看見龍蝦正把自己的硬殼脫掉，只露出嬌嫩的身軀。

寄居蟹非常緊張地說：「龍蝦，你怎麼可以把唯一保護自己身軀的硬殼也放棄呢？難道你不怕有大魚一口把你吃掉嗎？以你現在的情況來看，連激流也會把你沖到岩石上去，到時你會很危險！」

龍蝦氣定神閒地回答：「謝謝你的關心，但是你不瞭解，我們龍蝦每次成長都必須先脫掉舊殼，才能生長出更堅固的外殼。我現在面對危險，只是為了將來發展得更好而做出準備。」

寄居蟹細心思量一下，自己整天找可以避居的地方，而沒有想過如何令自己成長得更強壯，整天只活在別人的蔭庇之下，難怪限制了自己的發展。

沒有人提點的路，
要學會和自己作對到底

步伐雖小，假以時日，回頭望，
腳下原來已越過無數陡峭山峰，
是汗水、淚水，
更是身與心的一次次淬煉，
才讓我們有了這一次駐足俯視的機會。

研一下學期，是我近幾年來感覺最累的時光。

特別是有一陣子，我的神經長期處於緊繃狀態，大腦時時刻刻都在高速運轉。一門接著一門的功課預習，大量的資料研讀，一篇又一篇的課題論文。特別是，我正式開始寫一篇理論強度較大的學術論文。

從第一稿到最終定案的第十一稿，將近兩萬字的論文，硬生生地被大改了一遍又一遍。

直到現在，我再回頭翻看最初的第一稿，心裡只想：用面目全非四個字形容也不為過。

為期半年的學術論文寫作，給了我太多太多的震撼與思考。伴隨著不斷修改、打磨、完善著的，是由內而外的自我淬煉。

洗滌去潛意識裡焦躁的膚淺，沉澱下自我最深沉的專注。

先是過年前的十二月中旬，確定了論文寫作研究對象；又用了半個月，全面熟悉研究對象，初步擬定論文的內容框架。

之後整整一個月，專門研讀專業理論文獻。

然後正式動筆寫作。花費半個月，初步寫成一篇一萬五千多字的論文。將初稿戰戰兢兢地發給導師看，根據回饋意見調整論文思路、框架結構。

第一次，第二次，第三次，第四次，第五次，第六次……還未到學校之前，論文稿件已經改了六遍，每一次都以不超過十天的週期快速修繕。疫情在家的那一段時間，幾乎每天早上一睜開眼就坐在書桌前看文獻資料；午休之後，又著手開始修改。這樣的生活節奏，在未到學校之前一直持續著。

記得改到第六遍時，我對朋友說，感覺已經到了我的能力極限，我不知道該怎樣再去修改了。

過了一個月，回到學校，有一天中午我正在學校的收發室拿快遞，導師傳訊息給我，要在下午兩點鐘跟我當面聊一下論文。

雖然沒有說明具體要聊的內容，但出於直覺，我隱約感覺我的論文可能又要大改。

那天，我一如往常躺在床上午休，心緒卻怎麼都安定不下來。模模糊糊地睡著，醒來之後卻覺得格外疲憊。我坐在書桌前，從抽屜裡抽出一盒餅乾，粉色的夾心，脆皮的外殼，一口咬下去味蕾間充溢著濃濃的甜香味，甜到發膩。

我就坐在書桌前，把一整盒的餅乾一根根吃掉，一邊吃一邊看著鏡子裡愁眉不展的自己，然後逼自己擠出一個笑臉。

一整個下午，從兩點談到將近五點，導師耐心地從選題思路、理論創新、論文構架等角度為我講解論文的修改方向。

從辦公室出來的那一刻，我的心緒亂成一麻，回到圖書館想趴在書桌上休息幾分鐘，可大腦卻異常清醒，我睡不著，滿腦子都是論文。

02

我打開電腦看第六稿的論文，從第一頁看到第十五頁，心裡有點不服氣。

當時的我是真的捨不得刪去花了那麼大精力寫成的論文，還倔強地認為自己寫得已經很不錯了。其實，現在回頭想想，那一刻我是在害怕，我怕自己能力不夠。我以為自己真的達到了自己能力的極限，我沒有足夠的信心往前再逼自己一把。

但當我被壓力逼著重新審視論文，重新尋找理論創新點，重新研究研究對象時，忘了在具體的哪個瞬間，我竟然對自己先前寫的論文產生了一種嫌棄的感覺。

一個星期之後，按照導師的修改意見，我修改得心服口服，並把第七稿發給了導師。

導師傳訊息來說，這次的修改無論是在語言，還是在理論闡述方面，都已經有了很大的進步，最後還說了一句：孺子可教也。

看著導師傳來的訊息，回顧自己一路修改的心路歷程，我既為自己的進步感到欣喜，又為自己當初膚淺的固執感到羞愧。

雖然第七稿還是沒有過關，可那一次被否定之後，我的心緒不再像之前那樣煩躁、焦慮，內心似乎還多了一種淺淺的期待，期待改完之後的又一次自我突破。

最主要的是，在一次又一次的修改中，我感受到了自己潛意識裡正在影響著我的一些情緒。

之前，我在內心深處從來都沒有真正地尊重過學術研究甚至是自己所學的領域，但在一遍遍沉浸式地研讀導師論文的過程中，我內心漸漸生出一種深切的尊重與敬仰。我似乎可以透過導師的每一篇論文，每一段極其縝密的理論闡述，窺探出一種極致的學術研究態度。

雖然社會上偶爾會爆出一些學術不正的風氣，但真正用心做學術的人，他們身上那股氣場是會令你不自覺地欽佩與尊重的。

那個週六晚上，我將修改好的第八稿論文寄給導師。第二天一早，導師打電話給我，說論文修改得還是不行，並且在電話裡為我一一理清存在的問題。

我是站在圖書館陽臺邊接的電話，並且按導師的要求按下了錄音鍵，以便於通話後反覆確認。很糟糕的是，手機不知道為什麼沒有錄到音。我不好意思請導師再講一遍，但又不確定自己對一些關鍵是否真正理解了、是否需要再多加琢磨。

那天吃午飯時，我懷著緊張的心情傳訊息給導師，告訴他，早上的錄音沒有錄到，有一些關鍵的點不確定是否真的弄明白了，希望他可以再講一遍。晚上，導師又打電話給我，為我重新講了一遍。記得當時圖書館剛好閉館，寢室裡的室友都在看書，為了不打擾她們，我只得把電腦、錄音設備、筆記本都拿到宿舍二樓的陽台，邊聽導師講話邊做記錄。

03

晚上九點多，成片成片的蚊子叮著我的皮膚，通話結束之後，我的小腿上都是蚊子叮出的包以及被自己抓的紅印子。

接下來的一段時間，吃飯、走路、下課，我無時無刻不惦記著論文，甚至每晚睡覺之前，我都要回顧思考每個部分闡述的思路邏輯。

睡眠是淺淺的，甚至可以感覺到睡夢裡都是大段大段的密密麻麻的文字。

就這樣，一直到最後的第十一稿，修改終於完成。

整整半年的寫作，十數稿的大修，讓我感到從未有過的疲憊，但與之相伴的，是連我自己都無法預料到的一次次蛻變。

每一次總是以為到達了自己的能力極限，但壓力的一次次逼近，讓我不得不咬牙去尋求一次次突破的路徑，去不斷觸碰，不斷挑戰自己的能力邊界。

04

我想，所謂成長，其實就是一段與自己不斷作對到底的過程。若有人願意在你需要幫助時指點一二，那是你莫大的幸運與福氣；若沒人能及時伸出援手，那你就必定要自己歷經一遭其中的酸甜苦辣，方能知人生箇中滋味。

最好的自我修煉方法，就是多看多聽，多觀察多自省。沒有人提點的路，必須學會利用一切外界力量去充實自己，幫助自己登上一級又一級峰頂。這個過程注定伴隨很多艱辛、隱忍以及一次次自虐式的刻意訓練。每邁出一步，每踏上一段向上的階梯，都需要動用全身的能量，一步一步，很緩慢很緩慢，但也會感到內心的逐漸平和。

步伐雖小，假以時日，回頭望，腳下原來已越過無數陡峭山峰，是汗水、淚水，更是身與心的一次次淬煉，才讓我們有了這一次駐足俯視的機會。

你以為的辛苦，
也許只是別人奮鬥的常態

請不要抱怨生活，也不要質疑努力的意義，
人活著總得相信些什麼。

相信美好的生活是可以透過踏踏實實的奮鬥爭取的，
相信這個世界會對那些努力生活的人投以善意的微笑，
相信未來有一天你真的能活成自己期待的模樣。

自從將自習的座位從圖書館二樓移到三樓之後，每天早上都會遇見清潔阿姨。

前幾天，她看我每天早上都很早到，就問我，晚上通常幾點回去。我說，十點鐘，圖書館關門的時候。後來接連幾天，她一遇見我，就對我說：「哎呀，你每天晚上那麼晚回去，早上這麼早來，好辛苦呀。」第一次聽見這句話時，我靦腆地笑了笑，不知道該說什麼；之後再聽到，整個人感覺有點尷尬。

有一天中午，我抱著一堆書進圖書館。她在三樓遇見我，就問我，每天來回跑累不累。經常被別人這麼問，好像真的很辛苦一樣，但其實，這對於我而言，只是生活的常態，我已經習慣了這種生活習慣、作息風格。

每天早起、泡在圖書館、看書閱讀、做課程作業，於我是一件既充實又幸福的事。雖然，偶然會夾雜著些低落與沮喪，但更多的，是對這種校園生活的熱愛與珍惜。

我的每一天、每一小時、每一分鐘，都由自己規劃，都在自己的掌控中。那提前一晚在行事曆上規劃的事項，是我早起一整天生活的動力。我很安心地活在每一個當下，也為由無數個當下組成的未來做籌畫。

想起有天出宿舍門，遇見同班的一個同學。她問我，你是不是週末也這麼早起去圖書館。我大大方方地回答，是的。她說，好厲害，我真佩服你。可是，我卻不知道這有什麼值得佩服的，這些不過是我自己的選擇罷了。

02

想起我蠻欣賞的美食網紅李某某在接受採訪時說的一句話：「你眼中的生存技能，或許只是別人的生活本能。」

這個有著千萬粉絲的網紅，可以說，在最初拍攝短影片的那段時期，獨自一人撐起了一個ＩＰ品牌。

身為一名美食網紅，她好像什麼都會，釀酒、做沙發、織布、做衣服、蓋麵包窯、插秧種地……她一個人活成了千百萬人期待的模樣。

但這無所不能的背後，是常年生活的艱辛與不易。

父母離異，和爺爺奶奶相依為命，睡過公園椅子，啃過兩個月的饅頭，不誇張地說，她曾是一個標準的農家小妹的形象。她能一步步地走到今天，憑藉的全是對生活不服輸的信念。

那些在影片裡表現出的大部分人口中所謂的「才能」，其實是她從小在農村生活磨練出的基本生存本能。她的影片製作技術，很大一部分也是在闖蕩社會時學會的生存技能。

哪裡有什麼歲月靜好，不過是為了生存而不得不掌握的謀生手段。而正是這些磨難，讓她掌握了多種多樣的技能，也無形中成就了今天的她。所以，很多時候，我們覺得自己無法做到卻又很羡慕的正能量生活，對於別人而言，真的只是一種生活的常態。

03

你覺得冬天早起很難，所以，你羨慕那些自覺早起運動、讀書的人。

你覺得減肥好難，所以，你羨慕那些輕輕鬆鬆就能夠瘦下來的人。

你覺得讀書好苦，所以，你羨慕那些輕而易舉就能取得好成績的學生。

你覺得工作好累，所以，你羨慕那些精力旺盛似乎不知疲倦的工作狂。

其實，你不知道，對於那些人而言，這只是他們蛻變的一環，這只是讓生活變得越來越好的最基本的起點罷了。

有些人會說，這個世界不是僅僅靠努力就可以。所以，他們時常覺得，那些鼓勵別人努力生活就能改變自己的人，是在灌輸不切實際的心靈雞湯。因為這樣的思想觀念，他們抱怨生活艱難，抱怨世界不公，抱怨資源不平等。可實際上呢？他們自己所付出的努力根本就沒有達到能夠和別人拚天賦的程度。

要知道，有些人比你聰明，比你有才華，家境比你好，還在拚命努力，你又有什麼資格整天嚷嚷著努力無用。

請不要抱怨生活，也不要質疑努力的意義，人活著總得相信些什麼。相信美好的生活是可以透過踏踏實實的奮鬥爭取的，相信這個世界會對那些努力生活的人投以善意的微笑，相信未來有一天你真的能活成自己期待的模樣。

我們得承認，這個世界有些事也許真的不是努力就可以的；但更為重要的是，不努力，不踮起腳尖拚命爭取一下，就什麼都得不到。

人生從來就沒有百分之百確定的事，或者絕大部分的情況，整個生命過程就是一場未知的迷局。而我們要做的，就是努力做好自己能做的，敢於挑戰自己，不給自己的人生設限，讓生命在有限的光陰裡，活出優雅的姿態。

未被原生家庭偏愛，
那就多一些鋒利的稜角

未被原生家庭偏愛的人呀，
內裡就要多一些鋒利的稜角，愛己禦人。

這麼多年，頭腦中始終有一段記憶。

和我從小相伴長大的閨蜜高中剛畢業就到她父母所在的一個小城市打工，做餐飲業的服務生、服飾店的店員。

她剛開始工作的那一年過年回家，帶了一件嫩粉色的超短款棉襖給我。袖口、領口、腰部都嵌有一層淡淡的蕾絲。

衣服大概是那時在小鎮上學的我見過最新穎的款式。很遺憾的是，衣服的尺寸並不太對。為了能夠套上那件衣服，我還特地減肥。

後來，上了一年大學的我放假去她打工的城市看她。那一天是某月的十五號。之所以記得這麼清楚，是因為那天晚上我和她一起回家時，她騎車載我到半路，停下來對我說，那天是發薪水的日子，要去銀行領一筆錢——每月固定給她爸媽的生活費。

那時我才知道，她剛開始工作的那兩三年裡，薪水很少，她每個月只留幾千元當零用錢，剩下的全部上繳給爸媽。之後，她的薪水慢慢上漲，每個月發薪的日子還是要上繳一半的錢給父母，美其名曰「吃住都是父母包的」。但在很久之後，閨蜜和我算過一筆帳：自己一日三餐基本上都是在外面吃，只有晚上回家住在那個窄小的臥室，一個月下來基本用不了家裡什麼錢。我知道她話裡的意思，但在那樣涉世未深的年紀，我還是沒辦法太感同身受她話裡的深意。

02

四五年過去了，這四五年間，因為家庭的緣故，我也在某種程度上走過一段與她相似的路程。

自專科畢業之後，家人對我的態度發生了翻天覆地的變化。這種變化快得甚至讓人猝不及防。我不再是家中備受寵愛的那個孩子，相反，與父母之間的交流再也離不開「金錢」二字。

連同我媽媽在內，我外婆一共有四個女兒、一個兒子。每年大年初二，五個兒女便帶著他們的小家庭來給外公外婆拜年。

在我十九歲之前，我眼中的這個大家庭一直是可愛的，是熱鬧的，是我無法割捨下的一份親情，一直到那一年的春節，那個原本該舉家歡慶的初二。晚上，我們一大家子人聚在飯店裡吃團圓飯。席間，阿姨們七轉八轉地兜到我上學的話題上——大多是一些持續了四五年的、曾經只會背著我說的老話題：

「女孩子讀個專科就夠了，上什麼大學？聽說你還要讀研究所？」

「這幾年家裡供你上大學花了多少冤枉錢？」

「你讀書把錢用光了，你弟弟怎麼辦？」

「你讀完專科就不要再繼續讀了，早點出去工作，每個月替你爸媽多賺些錢多好。你還有你弟弟呢！買房、買車哪一樣不要錢！」這一段話，前幾年的暑假，我外公當著我舅媽的面對我苦口婆心的說教。

很「不幸」，我沒有成為他們眼中按照他們的規劃一路往前走的「孝女」。隨之而來的，是背後數不清的責罵與白眼。

也許，他們認為自己代表俗世正義、孝道的一方，而我離經叛道了這麼多年，是時候需要他們出面指點指點我了。

於是，就有了那場在大年初二的晚上飯桌上的那場爭吵。而我，身為一個隱忍了他們五年的冷言冷語、並為此吃了太多苦頭的當事人，自然不甘示弱。一句話怒氣沖沖的：「你又沒出錢，也沒出力，有什麼資格干涉我的家庭！」徹底惹怒了在場的長輩們。

二阿姨、三阿姨、大舅媽，你一言，我一語，開始對我輪番轟炸。其中，屬二阿姨吵得最大聲。

我記得六年前，那時我和二阿姨的關係還算融洽。當時我和我媽說，想考駕照。二阿姨打電話給我說：「你一個女孩子，考什麼駕照，不會以後到了婆家再學嗎？」因為她的這句話，那年暑假，我打了兩個月的工，賺足了學車考駕照的費用。

這一次在飯桌上，聽著二阿姨的大聲數落，我也不甘示弱：「您有什麼資格說我？您看看您女兒，結婚之後過得好嗎？你不多為你女兒操操心，怎麼反倒管起我來了？」

外公聽了這話，怒氣沖沖地問我：「你剛剛說什麼呢？」

說實話，我當時有被嚇到，但我還是不示弱地抗議著我這幾年所受的委屈。

跟我同去的男朋友見不得我受委屈，對著外公一頓說理。外公與他發生爭執，要打他。我見狀趕緊拉著男友上車，催促他發動油門離開這是非之地。車窗外，仍然是種種責罵聲。

一路上，老媽同時向我和男友發來無數個怒氣衝天的語音訊息。初二晚上九點多，窗外萬家燈火，新年炮聲起起伏伏，那一刻，我只覺得，我以後都沒有家了。

到家收拾行李連夜離家，我一點都不想再這樣無謂地爭執下去。爸媽緊跟著搭車回來，碰見收拾行李的我。媽媽拉扯著我一頓訓斥，罵我不懂事。爸爸對著我吼：「走了就永遠不要再回來了。」只有患有糖尿病，多年來被街坊鄰居認為頭腦糊塗的爺爺帶著哭腔讓爸媽不要再說了。

我逃難似的奔出了家門。

看見瘦骨嶙峋的爺爺走過來，我搖下車窗，對他說：「爺爺，我走了，你照顧好自己。」爺爺說：「大朋啊，暑假回來看看爺爺。」我沒有回答，搖上車窗，泣不成聲。

「我不知道有沒有機會了。」這句話，我說不出口。

原以為事情就這樣結束了。

沒想到，不多時，舅舅又打來電話對我一頓說教。連續掛了他的兩通電話之後，他給我和男友各傳來兩段同樣的語音訊息。

我點開語音訊息，在聽見聲音的那個瞬間，立刻關掉了。你可能想不到，這兩段語音罵的不再是我，而是我身邊的男友。我想，他大概罵出了他自認為最難聽的話。而這一罵，徹底罵掉了我對他所有的敬意。

03

古今中外的文學作品、現代傳統的教育、世俗的道德禮法，似乎都在一味地歌頌親情的無私。也正因如此，在此前的很長一段日子裡，我常常活在糾結與自責中。

直到有一天，我看到魯迅文章中寫的一段話：「需改變父母對子女的態度，以生物天性之愛代替交換關係、利害關係導致的『恩』。」至此，我才逐漸釋懷內心的糾結。

有時候想想，這種狀況真的挺悲哀的。

未被原生家庭偏愛的人呀，內裡就要多一些鋒利的稜角，愛己禦人。

「**不要為做人去做事，要為自己的理想去做，這不是自私，而是勇氣。**」這句話用在這裡，應該也是合適的。

別用低效的勤奮
去掩飾思想上的懶惰

那些發自內心想要改變自己的人，
從來不會允許自己陷入自我感動的漩渦中。
因為自我感動比起從來不努力，代價更大，也更可悲。
他們是在用低效率的勤奮去掩蓋思想上的懶惰。

導師的課一週上一次。每週上課前，導師都會提前安排學生看書，到上課的時候，再安排每個人做十分鐘的分享發言。

有一次，三位同學分享結束，導師說：「你們要珍惜每一次在學校發言表現的機會。以前我上大學時，都會抓住一切機會。」

導師接著分享了自己教學備課的經驗。雖然每週只有兩節課，可他一週幾乎每天都會備課，更新自己的教案。他說，前期準備越充足，教課效果才會越好。在備課的過程中，他要思考如何結合自己的理解，將難懂的知識口語化，深入淺出地表達。

「當你前期好好準備，在課堂上講解的過程中，可能有些知識就忽然間領悟了。這些做完之後，課後要學會總結反思，而不是像完成了任務一樣，覺得這樣就可以了。」

導師之所以這樣說，是因為三位同學在做分享時雖然都有提前準備資料，可他們卻只是對著一疊稿件低頭讀，忽視了與同學之間的互動。

你說這些同學做事敷衍？並沒有。他們手上拿著的每一張A4紙都寫著滿滿的文字，勾勾畫畫，一看就是反覆修改過的。但是，為什麼分享效果不佳？歸根究底，他們仍然耽於被動式的努力與學習。他們是為了完成課前分享這項任務而學習，因此在潛意識裡，如何講解得更直白，如何和現場聽眾做互動，如何加深自己對文本的進一步思考……這些就被忽略掉了，最後的結果就是事倍功半。

02

在這個競爭壓力越來越嚴峻的社會形勢下，想要闖出屬於自己的一片天地，有時候，真的不是僅僅靠努力就可以的。凡事，多想一步，不僅要知道自己應該做什麼，還要思考怎樣用同樣的付出換取雙倍甚至多倍的回饋。

比如，做十分鐘的讀書分享。

前期：你需要立足文本做全面閱讀，之後查找資料，深入思考相關知識，形成自己的觀點，並用自己的話淺顯地講出來。同時，還要考慮在講解的過程中，哪一部分是比較難懂的，是大家在閱讀的過程中容易產生困惑的。那這部分就要重點講解，做到講稿主次分明。

中期：分享的時候，一定要有意識地控制時間，這離不開前期準備階段的自我訓練。要注意觀察講臺下同學的表情，適當互動，而不只是自己悶頭讀稿。

後期：分享結束之後，要認真聽老師的回饋，回顧自己的分享情況，觀察其他分享者的表現。

三者結合，將自己的不足及可以再改善的地方記下來，運用到下一次實踐當中。只有這樣，你的努力，你的付出才會得到高效率的回報。

03

我有個學妹特別喜歡和導師相處。

她說，感覺每一次和導師相處，無論是上課還是私下聊天，都會收獲很多自己欠缺的東西。

一開始，她也不知道和導師聊什麼。後來，每天看書時，她都會有意識地把與專業相關的問題記下來，隨時準備哪一天在路上遇到導師都可以有話題聊。

有時中午下課之後，下樓梯的時候，她會趕上導師的步伐，對他說，我們一起走吧。這時，導師會很爽快地說：「那我們一起吃飯。」吃午飯時，她把前一天導師傳到群組裡的一篇論文拿出來聊，並向導師請教相關的問題，最後再帶到最近的閱讀學習中，希望可以從導師那裡得到一些新的啟發。一頓午飯之後，不但不用再像以前一樣尬聊，還覺得聊得非常開心。

可是，要知道，這些都是她每天刻意看書、學習、思考的結果，她時刻為每一次不期而來的機會做著準備。所以，無論做什麼事，學習也好，工作也罷，千萬不要活在自我感動裡，你的每一分努力都一定要期許得到正向回報。

這裡，分享於宙說過的一段話：

「這些年我一直提醒自己一件事情，千萬不要自己感動自己。大部分人看似的努力，不過是愚蠢導致的。什麼熬夜看書到天亮，連續幾天只睡幾小時，多久沒放假了，如果這些東西也值得誇耀，那麼工廠流水線上任何一個人都比你努力多了。人難免天生有自憐的情緒，唯有時刻保持清醒，才能看清真正的價值在哪裡。」

以上，共勉。

變好的從來不是生活，
而是自己

很少有人活得極其不幸，也很少有人活得極其幸運，

而那些所謂的感覺到的變好的日子，

一定不是生活本身變了，

而是自己在不知不覺間發生著某些積極的轉變。

重溫一九九三年上映的電影《今天暫時停止》（Groundhog Day），這是一部比我出生還早的影片。時隔兩年再看，依舊有那種發自心底的觸動。

主角菲爾是一名氣象預報員，每天除了在攝影機前幽默風趣地為觀眾報導天氣預報外，每年的二月二日還須前往普蘇塔尼這座小城鎮播報本地一年一度的土撥鼠節。據說，它能夠預言早春的來臨。這是主角表面看似穩定的生活，事實上，他早已厭倦了這種年復一年的單調日子。

在例行公事地應付著報導了土撥鼠節的盛況後，回程途中，菲爾與同伴被一場突如其來的暴風雪困在普蘇塔尼。第二天醒來後，菲爾意外地發現時間仍然停留在暴風雪日前一天，也就是土撥鼠日——昨日的一切重新上演。從此，菲爾的人生被定格在了「二月二日」，無論他如何選擇度過這一天，他都始終無法再前進一步，他開始了他重複的人生。

如果你的生活永遠定格在某一天，會遇到相同的人，他們會對你說同樣的話，重複著同樣的事，你會怎樣度過這相似且漫長的餘生？

主角菲爾的一天是這樣的：

每天清晨六點被氣象預報叫醒，在盥洗完出門時，會在房門口遇見旅館的值班人員。

他會對菲爾說：「早安，你會去看土撥鼠嗎？今年會是早春嗎？」下樓來到餐廳，會有一名藍太太一如既往地問他：「睡得好嗎，康納先生？想喝咖啡嗎？今天早上……」

當他去往土撥鼠報導地點時，會在街角遇見討錢的乞丐和自稱是他高中同學的保險經紀人……就好像提前設定好了的程式一樣，菲爾是這密密麻麻的定數中唯一的變數。而身為一部電影中的主角，他肯定不會讓觀眾失望，或者說真的日復一日地重複已知的生活，一直到碌碌無為地結束一生。至於如何讓這樣的一個變數活出大眾未知且充滿期待的閱歷，可能是我認為這部電影最實際的地方。

菲爾並沒有成為看似遙不可及的大人物，而是在經歷過多次重複絕望的嘗試後被某位在他心目中佔據恆久地位的人所點醒，成了一名讓人感到可愛又可敬的普通人。在被點醒的那一刻，雖然往後的每一天都是日曆上的二月二日，依舊會遇見相同的人與事，但他卻活出了唯一變數的精彩——學彈鋼琴、學雕冰、閱讀法國文學，運用自己的「預測力」幫助遇險的人。而這也讓他成為這個小鎮上看似陌生又最受歡迎的人。他也因自身修煉的氣質虜獲了心上人麗塔的芳心。因此，這部電影又有另外的一個譯名——《偷天情緣》。

02

在整部片中，男主角大致經歷過「索取——空虛——絕望——幫助——意義」這一系列起起伏伏的心路掙扎。

一開始，他利用「超能力」搭訕小鎮上幾乎所有的女人，到後來無所念想的空虛絕望，再到醒悟後的自我救贖，直到活出真正有意義的人生。細細想來，這些簡單名詞所概括的人生階段像不像鏡頭之外普通人的一生？**很少有人活得極其不幸，也很少有人活得極其幸運，而那些所**

謂的感覺到的變好的日子，一定不是生活本身變了，而是自己在不知不覺間發生著某些積極的轉變。

「選擇認真地過好每一天，而不只是簡單的重複。選擇不同，結果就會朝不同的方向發展，而那些看似普通的日子累積下來就會發生質的變化。」這是電影評論區裡的一段留言，也是一段令我很受觸動的話。

重溫電影之前，我常常會有一種錯覺，好像在看慣了媒體時代似乎遍地「年少有為」的幻象之後，會不自覺地淡化傳統觀念中值得去堅信的某種東西——緩慢努力，一點點栽種，再靜靜等待開花結果這種自然萬物般的四季生態過程。我覺得這是電影裡另一個打動我的設定。

一個普通得不能再普通的主角；一天一天看似漫長而無所進展的二十四小時，主角沒有網路小說裡的主角那樣的潛在天賦，也沒有得到什麼江湖獨門秘笈，他的蛻變，不過是一日日點滴的修煉。

這多像大千世界裡相似又不同的我們——普通、掙扎、平凡。

網路上曾經有過一個討論：你會用什麼詞來形容現在二十到三十歲的年輕人。

其中排名第一的代表性詞是「焦慮」：就業焦慮、上班焦慮、財務焦慮、怕把事情搞砸的焦慮、一事無成的焦慮、自我懷疑的焦慮。好像唯一不焦慮的只有「焦慮」本身。

被調查當代年輕人為什麼焦慮時，有一個再現實不過的回答：「網路世界加重了我們的欲望，羨慕別人轉瞬即可擁有的豪車、豪宅、完美人生，錯誤的價值觀使我們一直想滿足這些別人標榜的世俗的成功，而沒有內心堅定的追求。」

想想，在城市中奔波的你有沒有經歷過這樣一種狀態：

一覺醒來被手機APP推送——「1X歲小鮮肉，靠直播輕鬆賺足一百萬」，你正在被時代拋棄；下班路上滑到標題文——「經濟寒冬下，大批企業裁掉50％的員工」；週末和朋友聚會——發現總會有幾個人已辭職，興致勃勃地準備創業。

再看看自己——或者正在面臨就業壓力，或者畢業好幾年依舊在同一個職位上掙扎，沒賺到什麼可安身立命的錢，也沒有可供自己無後顧之憂的實力可以跳槽，更別說在大城市買房、結婚；又或者你回到故鄉生活，卻發現內心始終無法放下對更大世界的留戀。

好不容易升了職，加了薪，但轉眼間網上太多的言論告訴你，這世上還有很多很多比你厲害的同輩人——你仍然是那麼得微不足道。

有時候，人生的信念，就是會在那麼一瞬間轟然倒塌。

04

我身邊有不少畢業之後義無反顧地投入創業潮流中的年輕人。

他們可能沒有太光鮮亮麗的學歷，也沒有太值得稱耀的家世，甚至也沒有足夠為人稱道的才華，可他們真實且勵志得讓人踏實。

我有個朋友是做市場活動企劃的，在家裡排行老大，還有一個弟弟。因為家境不是很好，上大學時，在別的同學一邊上課一邊忙著享受校園生活時，他已早早地忙著打工賺錢。

從校內簡單的企劃小活動開始做起，再到接下附近周邊學校的節慶活動，一直到有校外穩定的客戶來源，這一做就是兩年多。快畢業時，靠著平時企劃活動存下的錢，在別的學生為畢業找工作而焦慮時，他已經存到了畢業後獨自創業的本錢。

不巧的是，他的事業剛剛起步，父親卻在此時生了一場大病，花光了他全部的積蓄，所幸，父親的病情慢慢好轉了。

從老家回到大城市後，他開始一個人折騰著東山再起。他在大學城附近租了一處三十多坪的辦公室，替每個員工配了一台二手電腦，十多個辦公座位上坐滿了員工。按理說，他的事業又將步入正軌。誰承想，新冠肺炎疫情的到來導致很多協力廠商對接活動無法進行，公司也無以為繼。他關了剛剛起步的公司，暫時找了一份工作養活自己。

所在城市的疫情狀況稍稍好一點之後，他又幹起了老本行，將周邊幾個城市大型商場的業務接到手不少。過了半年，他用辛苦賺來的積蓄買了一輛不錯的車。然而春節過後，所在城市的疫情再次突發，又一次折斷了他的生意路。

有時候在想，類似他這樣的創業者在世人眼中是一種怎樣的存在？闖蕩幾載，到頭來一無所有，甚至在別人眼中不過是買不起房、車，談不了女朋友的無能之輩，但深究原因我們又知道，事實不是這樣的。

和一位學機械設計的男生聊天，我問他：「如果以後繼續在這條專業路上深造，需要再經歷怎樣的歷練？」

他說：「想要在這條路上達到精通的水準，起碼要在焊接、加工、打樣等方面跟著老師傅在工廠各學好幾年，累計下來就是十幾年。」很少有年輕人會這樣做，一是耐力不夠——工廠工作環境的惡劣使得很少有年輕人能夠吃得了這些苦；二是就業環境的艱難——即使有人撐下來，熬到了個人職業黃金期，可能到時市場的就業導向也已經發生了變動。這對於堅持了十幾年的年輕人，特別是需要成家立業或者家境並不富裕的人而言，是賭不起的。更不用說，在這一路，還需要面臨買房、買車、結婚生子等種種人生大事。

以上是影片之外的現實生活，是電影《今天暫時停止》的主角未曾經歷的時代壓力，但其中相似的是：我們人生的某個階段對現實生活，對自我追求，對理想目標的無能為力與重度焦慮，是無法避免的。

身為一位還不夠成熟的年輕人，我無法對自己所處時代的生存頑疾做出什麼哲理式的解答方案，也不想強行硬塞某種心靈雞湯。我只知道，在最後，菲爾在N次為土撥鼠節做報導後，終於說出了那段打動普蘇塔尼所有居民的話：

「當契訶夫看到漫長的冬天，他看刺骨黑暗的冬天還有希望逝去，然而我們知道，冬天只是生命週期的另一個起點。站在普蘇塔尼人之間，靠他們的壁爐和熱情取暖，漫長而光亮的冬天，也成了最好的時光。」

電影是被框定的藝術，也是再生動不過的生活，那些相似而不相同的。

Part 2

那些迷人的女孩，心中都有自己的地圖

親愛的，
請不要設限自己的人生

終有一天，
當你真正過著自己想要的生活，
你會感謝當初勇敢堅定
甚至有點孩子氣的傻傻執著的自己。

導師說，下午有一位考上某研究所的學生過來找他，和他聊了很多那邊的情況。導師聽了之後覺得，研究所那邊的研究生對於研究進度抓得很緊並且要求非常高。他對我和另一位男生說：「你們也不要懈怠，手上的研究題目也要利用寒假再往前有一些進度啊！」

吃完飯回圖書館，同行的男生對我說：「老師也真是的，拿我們和那所研究所比……也不想想學生程度高低都是有區別的。」為了證明不同學生之間的智商是有高低不同的，他還特意舉了一系列例子作證明。

我不知道是因為他當天恰巧情緒不好，還是真的打心底存在這樣的想法。分開的時候，我對他說：「對我而言，我不信我比誰智商低，我不信我比任何人差。」

和那位男同學聊過後，我整個人變得有氣無力。和很多人一樣，我也害怕面對消極負面的情緒，在一定程度上也會受到干擾。

我想起一位學妹曾找我聊天。

那位學妹想考研究所，她一方面想考一個排名比較前面的好學校，一方面又覺得自己就讀的大學本身就比那些學校差一些，即便現在自己努力一些，考上了，可進了學校以後呢？那些原本就比自己優秀的學生也同樣努力，自己哪能競爭得過他們。

其實，每個人的成長速度都是不一樣的。可能有的人的頭腦就是開悟得早一點，有的人就是晚一點。**當你真正懂得要改變的時候，你已經和原來的你不一樣了**。對於目標的堅定會激發你無限的潛力，會促使你尋找各種方法提高學習能力。

我發現，不管是之前的男同學，還是曾經的學妹，很多很多人都對努力和智商存在偏見，甚至很多小朋友也是如此。

記得有一年暑假我教一位女學生五年級數學。暑假過後她就要上六年級了，但她的五年級下學期的數學學得不是很好。她父母希望她可以重新學一遍，把基礎打好。她在課上問我：「老師，我現在補五年級的知識，而別人已經在學六年級的。那是不是就算我把五年級的基礎知識學好了，我也永遠趕不上他們了？」

我不記得自己當時是怎麼回答她的了。但不同的年紀卻存在相同的認知觀念，這著實讓我有點意外。

03

不少人之所以有這樣的顧慮，一方面是因為，他們內心是渴望進步的；另一方面，卻害怕自己無論怎麼用功都趕不上別人。

似乎只要一步錯，步步都會錯。

他們用一種「機械決定論」的方式去看待自己的生命歷程，卻忘記了人生存在很多變數。當你真正下定決心改變自己時，那種內在的驅動力會激發你無限的人生潛力。並且，當你找到適合自己的讀書方法、打通頭腦思維之後，發展前途真的不可估量。

現代神經學之父卡哈爾曾是個糟糕的學生。他固執而又叛逆，只對藝術情有獨鍾，對其他科目放任自流，特別是對數學和科學更是不聞不問。

卡哈爾的父親為了讓兒子學會自我約束、變得穩重一點，讓卡哈爾拜了一位理髮師學藝。結果，此後卡哈爾對學習的態度更是懈怠不堪。為了讓他迷途知返，老師責備過他，也揍過他，但完全沒有效果。在老師眼裡，卡哈爾又可笑又荒唐，從沒守過規矩。

可誰能想到呢？卡哈爾有一天不僅獲得了諾貝爾獎，還成了現代神經學之父，對神經系統結構與功能的理解領域做出了許多重要的貢獻。

卡哈爾一生曾和許多傑出的科學家相識共事，很多科學家看起來都遠比他聰明。然而他在自傳中曾指出：**儘管傑出的人能夠取得非凡的成就，但是他們也會像所有人一樣粗心大意，也會有所偏頗**。

卡哈爾認為他成功的關鍵在於有毅力、靈活的應變能力以及謙虛的態度：「先天的不足，能靠後天的勤勉和專注彌補。可以說，努力可以彌補欠缺的天賦，甚至創造天才。」

像卡哈爾這樣的人還有很多，比如達爾文。

達爾文的進化論使其成了人類歷史上最有影響力的人物之一，而像他這樣的人通常被認為是天生英才。但事實是，跟卡哈爾一樣，達爾文也曾是個糟糕的學生，成績一度很差。他從醫學院退學，很長一段時間都孤身在外，可他仍然努力踏上了環球航行之路，有了從全新視角看待他所蒐集資料的機會，為他後來取得的一系列成就奠定了基礎。

04

在成長這條道路上，每個人都會由於各種原因遭遇大大小小的挫折，也會因此而懷疑、否定自己。

先不管這個世界上是否真的存在「天賦」、「智商」這類我們無法左右的先天因素，先問問自己，你為自己心心念念的生活付出過多少，你是否真的把每一件事情做到了能力範圍之內的極致，你口中的努力是否能夠達到和別人拚天賦的程度。

不，**很多人只是淺淺地努力，再高調地抱怨**。

這個世界上有很多人靠著勤奮努力創造了屬於自己的理想生活，塑造了全新的自己。所以，我們為什麼要糾結於那些連真偽都無法確定的負面因素，而不睜眼多看看這些積極正面的榜樣呢？也許，當你糾結於那些所謂的天賦和智商時，就已經局限了自己，無形中給自己的人生設了限。

不要輕易給自己的人生設限，想要什麼樣的生活就去義無反顧地追求。

終有一天，當你真正過著自己想要的生活，你會感謝當初勇敢堅定甚至有點孩子氣的傻傻執著的自己。

沒人看好的日子裡，
更要多一份堅強

沒人看好的日子裡，你更要多一份堅強。
過去是，現在是，未來也會一直是。

子。

將近一個月，我從一隻旱鴨子馬馬虎虎變成了一隻勉強及格的水鴨子。

游泳課程結束之後，每個星期我總會花費三個晚上去游泳館自我訓練。雙腿打水強度不夠，雙手在水裡的推進力不夠，腰部發力不足……一系列的問題都需要自己在課程結束之後多花功夫、多花時間練習。

俗話說：「師父領進門，修行在個人。」

在游泳館游泳時，看見游泳運動員在玩跳水、滾翻，我在一旁看了好幾次，眼神總是離不開水中那些健美颯爽的泳姿。

偶然一天，一位相識的教練免費教我學其他的游泳姿勢。我毫不猶豫地對他說，我想學跳水、滾翻。那天在游泳館待了將近三個小時，我就一直在學習跳水、滾翻。

但實在是腦子和身體不協調，對於教練說的那些姿勢要領，我的腦子是迅速領悟了，可是一做起動作，身體就不聽使喚。

第一次跳水時，我在看臺上躊躇了好幾分鐘，最後乾脆眼睛一閉，抱著赴湯蹈火的決心一般，整個身體直挺挺地往水裡栽。之後就實實在在地和泳池來了一個一百八十度的大擁抱，只不過這個擁抱太不溫柔，我的胸膛整個成了一塊板磚，硬生生地撞在水面上。

一次學不會，我就跳第二次、第三次、第四次……一次又一次從看臺上跳下來，一次次感受到身體正面迎擊水面的那種刺痛感。

直到站在一旁觀看的幾個男生都看不下去了，他們說：「休息一下吧。你不覺得痛嗎？我們看著都覺得痛，你上半身都撞紅了。」

不知道為什麼，我嘴上沒說什麼，心裡卻想：「這點肉體上的疼痛算什麼，我一定要學好它。」

02

也許，真的是因為一個人在外生活求學六年多，經歷過很多比這更艱難的事。凡做每一件事，我都懷著一種要拚盡全力的決心。

於我而言，做很多事，從來不是盡力而為，而是拚盡全力也要完成。

那天從游泳館回到家，脫下衣服，我看見自己胸口上出現了一塊塊瘀青，膝蓋上也是青一塊紫一塊的。但我覺得，一切都是值得的，至少我在嘗試著去做自己一直期望去完成的挑戰。

我不再畏懼游泳池那好似深不見底的池水，我不再習慣性地站在岸上躊躇，我敢給自己勇氣去挑戰一系列膽怯、恐懼、躊躇的關卡。

從跳臺上跳下去，與水的每一次相擁，都是我對自己的人生一次次堅定的承諾，就好像我在一次次對未來許諾：未來，無論遭遇怎樣的挫折與失意，我永遠都會是那個義無反顧去追隨內心、為生活的理想拚盡全力的女生。我會成為自己生命的守護者，我會一直做自己生命的擺渡人。

想起木心寫的一段話：「**很多人的失落，是違背了自己少年時的立志。自認為成熟、自認為練達、自認為精明，從前多幼稚，總算看透了，想穿了。於是，我們就此變成自己年少時最憎惡的那種人。**」

自認為成熟、自認為練達、自認為精明，好像現在的自己真的終於擺脫了年少時的稚嫩。殊不知，在與生活的不斷對峙博弈中，有些人早早輸掉了人生，輸掉了青春年少時那種不顧一切的勇氣與魄力。

這實在是一件可悲的事。

03

朋友阿慧在電話裡曾對我說過這樣一件事：

有一次，她的大學同學與剛剛結婚的伴侶約她出來幫忙做一些工作上的事。

在餐館裡，同學的老公一副趾高氣揚的模樣，對阿慧說：「你一個月薪水才兩萬，不如去電子工廠上班，一個月還能賺三萬多。」

阿慧的大學同學在一旁煽風點火陰陽怪氣：「人家是有理想的人。」

聽著這話，同學的老公更理直氣壯了，以一種看遍世間蒼涼，自認為無比通達的語調對阿慧說：「現在還談夢想，那是因為你還沒有接受過社會的打擊，經歷的太少。等以後你就不會再談這些了。」

阿慧對我說，那一頓飯結束之後，她回家大哭了一場。

04

我也是曾經在實習時被諷刺為是那種在電視劇裡還沒出場兩集就被害的女生。

當初初涉職場的我，不懂同事話語裡的潑辣，卻在一日日的工作中，感受到人與人之間相處的複雜。

我單純、固執、倔強，一心只想靠自己踏踏實實的工作去贏得別人的尊重與諒解。卻不知，這個世界也許最純粹的就是工作本身。那時我是真的不懂，或者說不屑於懂，也因此受了不少來自同事的冷言冷語。

在那段時間裡，每天下班坐地鐵回家的路上，我時常會呆呆地站在地鐵裡，看著車窗玻璃上映出的自己；坐在公車站的長椅上，看來來往往滿臉綻放笑意的同齡人——只不過我明白，那份愜意與悠閒不屬於我。

「幸福和不幸福的人，快樂和不快樂的人，理想豐滿的人和空虛的人，突然覺得上帝不公平。」

用這句電影裡的臺詞來形容我當時的心境，是再貼近不過了。

往後的日子裡，我最終丟了那份實習工作，但卻重塑了我對生活的信念。

我不再懼怕來自任何主觀的艱辛與勞累，因為我深切地知道，那種拚盡全力卻無能為力的感覺，才是最讓人絕望的。

往後的日子裡，無論做什麼事，我都開始抱著一種用生命去實踐的篤定去完成它們。

不輕視任何一件小事，不放棄任何一絲機會，不懼怕來自內心深處的卑怯。

因為經歷過很多不被人看好的日子，所以每當別人投來一絲善意的眼光，我都心存感謝。同時，我也在心裡一次次給自己根植這樣的信念：**沒人看好的日子裡，你更要多一份堅強。過去是，現在是，未來也會一直是。**

努力，根本就不需要動力

我害怕哪天一睜開眼，
三年校園時光已經逝去。
而那時的我，除了一紙文憑，一無所有，
那太可悲了。

前幾天，有讀者私訊問我：「環境真的很重要嗎？」

我回答：「主要是靠自己。」

但不可否認，有時候，好的環境也是各方面資質的證明。

我向她分享了自己一路走來的感受：

從一開始的專科到大學，再到研究所，我的感受是：不同的學校，讀書環境是完全不一樣的。

首先，不同院校師資力量之間的資源是不平衡的。

在一個好的院校，你可以得到一些在學術上比較優秀的教授的指點，有時候你聽他們的一節課，就會對自己的課業有很大的幫助，甚至如果有機會和那些教授一起做專案，他們會親自指導你如何深入某一項課題的研究，這無疑是一筆寶貴的成長財富。

其次，不同的學校學習氛圍大相徑庭。我之前所在的專科學校，圖書館無論是館藏書目還是數位化的學習資源，其種類與豐富度都比後來念的大學要好得多。可不一樣的是，在大學的圖書館每天都能看到泡在圖書館自習室看書、考證照、考研究所的同學，甚至在考前的衝刺階段，每天早上天還未亮時，圖書館門口就已經排著兩條長長的隊伍。而在專科學校，圖書館裡總有一半的座位是空著的。

我專科和大學兩所學校之間隔了一段距離，曾經有一段時間，大學圖書館裡沒有的資源，我常常跑到專科圖書館裡，利用它的資源來下載所需要的學術資料。

但是，有時候環境也不是必然的決定因素。一個不求上進、整天過得渾渾噩噩的人，哪怕置身再好的環境也改變不了什麼。

我至今還記得，去某所院校參加研究所複試，當時我在樓下大廳和朋友說了這樣一句話：「如果能夠在這樣的院校待三年，真的是一件很幸福的事。」

那時，在旁邊長椅上坐著一位一直低頭玩手機遊戲的女生。在我說這句話時，她抬頭看了我一眼，我不知道為什麼，就僅僅那一瞬間，我看到了她眼神裡的不解與迷茫。

同樣的環境，不同的學習心態、求知欲望，最後所造就的個人是不一樣的。而最終能夠決定我們走多遠的，永遠只有自己。

如果一個人真的有足夠的上進之心，會想盡一切辦法去克服外界的不利因素。

這種內驅力，會促使一個人不斷突破自我的認知局限，主動走出生活的舒適圈，最終成為那個更好的自己。

02

之前寫作時，收到一段很長很長的留言，留言裡表達了一個女生由於家庭、自身性格、身邊環境等原因給自己成長帶來的觸動。她寫道：

我曾經想過考研究所的事情，但一直沒有行動。直到今年春節期間，三十四歲的表哥傳了一則訊息，觸動了我的心。內容是：「三十四歲的我，每天比別人多努力幾小時，考上了研究所，我很珍惜這次機會，我要努力珍惜研究所的三年時光。」表哥三十四歲，結婚生子，在大城市生活，背負著房貸、車貸，能考上研究所真的不容易。所以，我立志此生也要讀個研究所。

曾經我認為，人到三十歲能回校讀書是一件此生都不能完成的事，我給自己判了個「死刑」。如今看到表哥，我覺得，原來只要你想讀書，何時都不晚……我目前正在備考教師招聘考試，由於自己的任性、性格的自卑以及母親關於女孩無才便是德的老觀念，還有當時的自甘墮落，導致自己在讀書的路上吃了虧。如今三十歲還在追夢的路上，不過慶幸身邊的人告知我提升學歷的方法，我拿到了在職專班的大學文憑……

言語裡透露出的，沒有對現在的抱怨、對未來的恐懼，而是不斷吸收身邊人的正能量，心懷一顆永求進取之心，積極地過每一天的生活，用決心、信念、行動承擔起自己對人生每一個階段的期待。

無論身處什麼樣的環境，面臨怎樣艱難的處境，永遠不要放棄自我成長的機會。

讓我感觸很深，甚至曾經讓我三刷並落淚的電影《關鍵少數》，講述了當時美國維吉尼亞州實行種族隔離制度，黑人各方面都受到限制。電影的主角是三位黑人女性，在當時極端種族以及性別歧視的社會背景下，她們克服種種輿論與偏見，最終實現自己的人生價值。

瑪麗勇於嘗試不可能之事，她想要成為美國太空總署（NASA）的工程師。但要成為一名工程師，她必須在一所白人院校上課，以取得所需的學位證明。為此，她向法庭提出申訴，打破了黑人不能在全白人學校就讀的規定，拿到了工程師學位。

在法庭上，她聰明地引述法官的人生經歷，提出「首開先例」的論點，並以此論證道：「維吉尼亞州從來沒有黑人女性能就讀全白人的高中，這聞所未聞。在艾倫．雪帕德坐上火箭之前從來沒有美國人進入過太空。現在，他將名垂千史，成為來自新罕布夏州的首位觸碰星辰的美國海軍軍人。而我，我想成為美國太空總署的工程師，但是如果我不去白人學校上課，我就沒辦法達到目標。我無法改變自己的膚色，所以我只能踏上一條前人沒走過的路。」

最終，她如願成為美國太空總署和美國首位黑人航空工程師。桃樂絲幹著主管的工作，卻因為自己的黑人身分，始終得不到主管的頭銜。

但是，她有強烈的危機意識，在IBM大型電腦被初步投入使用時，她主動學習程式設計解碼技術，使自己成為不可替代的唯一，成了美國太空總署的首位黑人主管。此後，她成為解碼專家，在電機運算的前線奮鬥，被視為美國太空總署最聰明的人之一。

凱薩琳在工作中從一開始上廁所都要跑到八百公尺外的有色人種廁所，喝咖啡都只能用被貼有色人種字樣的咖啡壺，到後來克服重重工作壁壘，讓之前對她懷有歧視的同事放下偏見，並被委任負責阿波羅11號登月以及穿梭機的運算，這其中的艱辛可想而知。

此後，美國太空總署為表彰其在太空旅行領域的卓越貢獻，將電腦大樓以她的名字命名。在九十七歲時，她又被授予總統自由勳章。

這三位黑人女性，面對無法改變的膚色、種族，並沒有抱怨外界的環境，沒有自怨自艾，而是憑藉堅強的意志以及卓越的實力，成為不可替代的專業人才。

瑪麗的經歷告訴我們，**在不利局勢下，要有敢為人先的勇氣，時刻記得為自己爭取機會**。桃樂絲的經歷啟發我們，機會永遠是留給有準備的人的，要時時刻刻抱有憂患危機意識。凱薩琳的經歷則讓我們領悟到，努力工作，讓自己變得越來越有價值，才能贏得別人的尊重與認可。

這讓我想起了一句話：「**我們都生活在陰溝裡，但仍有人仰望星空。**」

04

每次重新觀看這部電影，最深的一個感觸是：同樣是人，面對相同的生活環境，不一樣的生活心態、處世態度，決定了一個人能夠走多遠。

一個總是習慣將自己的失敗、不順心歸因於外界因素的人，一定不會取得什麼突出的成就。他永遠是稍稍遇到一些煩心事就會無止境地抱怨身邊的人、周圍的環境，而不會從自身出發反思自我，克服不利條件。而一個凡事先從自己身上找原因並不斷改進的人，在生活中一定是一個積極樂觀、充滿正能量的人。這種積極的能量，會反過來幫助他的人生之路走得越來越寬暢。所以，當我們遇到不順心的事時，先別急著抱怨，而是應該清醒下來，先反思自己。

比如，上班遲到，你抱怨公車地鐵擁堵，導致自己不能夠準時出現在辦公室；但如果換個角度，每天出門前將堵車的因素考慮在內，提前半個小時出門，也許在清晨上班路上，心態會更加從容，工作起來也會更加有幹勁。

比如，作業未準時完成，你抱怨平時忙的事情太多，課業太繁重；但如果你能夠將作業需花費的時間做一個大概的估算，然後分配到每一天固定的時間段，就不會整天以忙為理由，為自己沒能準時完成作業找一個看似合理的藉口。

比如，得不到升職加薪的機會，你抱怨主管處事不公平，上司偏心埋沒了自己；但你有沒有想過，自己是否把每一件工作都做好，一天有一天的進步，而不是抱著多年的工作老本荒廢時日。

比如，你抱怨學校學習環境很差，讀書風氣不高，導致自己畢業之後一無所學；但你有沒有反思過，大學四年你是否主動為自己爭取過進步的機會。例如，和某一位任課老師交流自己的讀書近況並請求得到一些建議；積極參加一些大型的比賽，為自己未來的履歷增加出彩的經歷；多看一些經典書籍，豐富自己的精神世界，提升對事物的認知能力。

這些，你都做到了嗎？還是只是人云亦云、鸚鵡學舌地抱怨。

其實，所有一切的抱怨，百分之八十的原因都在於自己。

之前有朋友問我：「你每天這麼努力的動力是什麼？」

其實，當你真的具有深刻的自我改變的意識，努力根本就不需要動力。因為發自內心的那種向上的欲望，會內化為生活的本能。

當能夠達到這種程度，那麼對於你而言，還有機會有時間有精力去拚搏，就已經是一件十分幸運的事，哪裡還會專門花精力去找各種外在動力，刺激自己去努力呢？

你的內驅力足夠激發你對生活的無限熱愛，鞭策自己不斷追求卓越。

想起曾經和朋友聊天時，我說：「現在唸研究所，我幾乎每天都很緊張。」

我當時大部分的生活節奏是晚上十一點睡覺，睡覺之前定好第二天五點的起床鬧鐘，然後在腦海裡反覆告訴自己，明天請一定要準時起床。

因為，我害怕哪天一睜開眼，三年校園時光已經逝去。而那時的我，除了一紙文憑，一無所有，那太可悲了。

其實，對於每個人而言，面對每個階段的不如意，方法總比困難多。無論遇到什麼挫折，請告訴自己，不要輕易放棄。

有自愛的能力，
才會收獲理想的愛情

在愛情中，只有先學會自愛的人，
才能好好地去愛別人。

二刷電影《植物圖鑑》，我再一次深刻地感受到：無論愛與被愛，都是一種能力。

在愛情中，只有先學會自愛的人，才能更好地去愛別人。

正如心理學家艾里希・弗洛姆所說：「成熟的愛是在保持自己的尊嚴和個性條件下的結合。愛是人的一種主動能力，是一種突破使人與人分離的那些屏障的能力，一種把他與他人聯合起來的能力。愛使人克服孤獨和分離感，但愛承認人自身的價值，保持自身的尊嚴。在愛之中，存在著這樣的矛盾狀態：兩個人成為一體而仍然保留著個人尊嚴和個性。」

也就是說，先有成熟的個體，才會有成熟的愛。而所謂成熟的個體，一定是具有愛與被愛的主動力。

《植物圖鑑》中的女主角彩香是一個內心異常孤獨的女子。

彩香二十四歲，在一家房地產仲介公司上班，居住的房子是已有三十多年歷史的一房一廳，距離地鐵站步行不過十五分鐘。

在工作上，她經常遇到一些不講道理、帶有騷擾目的的顧客，還會因此被老闆不分青紅皂白地責罵。在生活上，她一個人的一日三餐皆是便利商店的速食。走在馬路上，她會羨慕牽手的情侶。每天下班時，她害怕回去面對空無一人的住處。

彩香與男主角的相遇完全是一場意外。她毫無猜忌地收留了男主角半年，並且會因為男主角做的再簡單不過的一頓早飯而直言不諱地表達自己的幸福。在這半年裡，男主角每天會為彩香準備早飯、上班時的午飯便當，還會提前做好晚餐。到後來，兩人相處越來越融洽，他們每隔一星期都會去野外採摘各種植物做食材……

時間越長，彩香越貪戀這種有人陪伴的溫暖。

02

當男主角離開之後，彩香發了瘋地尋找他。到他工作的便利商店，甚至跟蹤和男主角一起工作過的女同事，企圖從她獲得即使只有一點點男友的消息。

彩香的生活回到了原先的狀態。一日三餐又開始是便利商店的速食，每天下班之後繼續面對空無一人的住處。

在某一個時刻，彩香突然意識到自己不能再這樣生活下去了。她收拾心情，重新開始自己的生活。她拿出男主角留給她的食譜，製作男主角曾經為她做過的飯菜，並學會了獨自一人去野外採摘食材。

漸漸地，彩香學會了一個人生活，也學會了適應孤獨。

一年後，彩香收到了男主角寄來的包裹，裡面是一本男主角拍攝的植物圖鑑以及他的展覽邀請函。彩香一個人去了展覽，在宴會人群中，她看見了臺上神采奕奕的男主角，也瞭解了男主角的家世背景。未等活動結束，她就提前退出會場，一個人走上了回家的路。

到家時，彩香發現了正在家門口等待她的男主角。他向她解釋了自己離去的緣由，並表達了自己希望在往後的日子裡，一直守候在她身邊。

這部電影的情節很簡單，甚至有著一種童話色彩，但每每令我動容的，是這部影片想要傳達的理念：唯有自愛，才有能力去愛別人，才能收獲圓滿的愛情。

一開始，女主角彩香內心是懼怕孤獨的，她在生活中不能夠好好地照顧自己。

和男主角在一起的半年，雖然從表面上看她的生活狀態在一天天變好，整個人越來越開朗，但這種開朗不是因為她克服了內心對孤獨的恐懼，而是外部的力量——男主角的出現，使她得到了暫時的幸福。當男主角由於某些原因離開之後，在後來慢慢地調整生活狀態後，彩香才真正克服了一直潛藏在內心的對孤獨的恐懼。

所以，即便到最後男主角沒有回來，彩香那時也已經成了一個真正的個體，她有能力好好地照顧自己。

而在與彩香的相處中，男主角也漸漸懂得了責任與擔當。正如男主角所言，和彩香在一起的日子裡，他意識到自己不能半途而廢，不能放棄一直熱愛的事業。

在兩個人的相處中，他們都在一步步成為更加自愛的自己。

看到這裡，影片的結局在我看來其實已不重要了。

在《愛的藝術》中，關於男女之愛，弗洛姆談到：「真正的愛意味著產生愛的能力，它蘊含著愛護、尊重、責任和瞭解。它並不是被某人所感動意義上的『情感』，而是一種為被愛者的成長和幸福所做的積極奮鬥，它源於愛的能力……**倘若一個人能夠卓有成效地愛，他也會愛自己；倘若他僅能愛其他人，他便根本不會愛。**」

是啊，有勇氣誠實地對待自己，擁有自愛的底氣，才會在未來的某一天收獲理想中的愛情。**愛與被愛，都是一種能力，它也是我們向內剖析自我、坦然成長的一段歷程。**

允許指點，
但謝絕指指點點

不管過程怎樣，
不管經歷多少黯淡無光的日子、
經過多長埋頭不被看好的時光，
只要最後你在終點處，就一切都好。

週日下午，和阿慧在約定好的街頭碰面。每次見面我們都會聊聊彼此的近況。她和我聊工作，我和她聊學業。

我們是在準備考研究所時相識的，是相伴一年的「研友」，也是來自同一方故土的同鄉。那是她「二戰」備考法律研究所；我「一戰」，卻恰逢那段時間感情不順，一天裡的大部分時間都會控制不住的情緒低落。特別是天一黑下來，那種傷感孤寂的情緒就像汪洋大海一般將整個人淹沒。

還好在那段日子裡，我認識了阿慧。她每天晚上五點左右都會出現在我的座位旁，從背包裡掏出各種各樣的零食，有時候甚至會專門陪我去餐廳吃晚飯。

後來，阿慧二戰失敗，我一戰上岸，順利去自己喜歡的院校就讀研究所。可是我們之間的那份情誼一直沒有變質。

雖然阿慧因二戰落選，無緣繼續深入攻讀法律，但她開始在一家律師事務所做助理，一邊工作一邊考律師。等考取執照，她便可以名正言順地進入法律行業，以另一種方式投入到自己喜歡的職業中。

02

那天下午我們聊起彼此的近況，她給我印象最深刻的一句話是：「你知道嗎，公司裡那個經常向我抱怨的女生，做著我夢寐以求的工作。」

公司新來的一位同事小A和阿慧差不多大，但起點是研究所學歷。工作不久之後，又拿到了律師執照，可以接手公司一些法律類的工作，經常去法院處理事務。

小A剛進公司時，因為執照沒有到手，大部分時間只能和阿慧一樣坐在辦公室裡處理一些文件。工作不順心的時候，小A就會對著阿慧發牢騷，阿慧經常鼓勵她，說等拿到執照就好了。

結果是，等小A拿到執照之後，因業務繁忙，她又開始公司裡外來回跑。於是，小A又經常在公司向同事抱怨：「怎麼總是需要到法院提交一些文書類的資料啊？這些小事根本就不應該由做律師的親自去啊！真想不明白我為什麼要做這種工作！」

阿慧說，自從小A拿到執照之後，小A經常對她進行靈魂式的拷問，比如：「阿慧，你真的喜歡做律師嗎？」、「做律師這行真的好累，每天要做一些七零八碎的事。」、「阿慧，我覺得你不適合做律師，你還是應該再仔細考慮清楚一些。」

阿慧說，自己幾乎每天都要被小A進行一次這樣懷疑人生式的拷問，搞得自己每天都很累。有時候下班回家的路上，阿慧都選擇刻意避開小A。

阿慧說：「小A大學念的是新聞系，研究所才攻讀法律，而我也在費盡心思地考律師執照，但小A現在卻每天慫恿我離開這一行，說這一行非常非常的累，是多麼多麼的不適合我們。她根本不明白，她每天做著我夢寐以求的工作，卻反過來勸我放棄，這樣我心裡真的很不是滋味。」

我想起我在讀專科時做的第一份長期兼職，那是在某連鎖速食店擔任櫃檯點餐人員。那一段經歷給我往後的人生留下了太深刻的影響，因為我在那裡有過和阿慧相似的經歷。

那時，由於點餐工作不熟練，我經常被當天值班的負責人責備。有一天工作結束之後，我和店裡的一個男生一起坐公車下班。他向我抱怨工作中的種種不如意，並聲稱自己過了這個暑假就會辭職，再也不做了。

那時，我涉世未深，別人說什麼我都信，於是我也開始覺得這種兼職工作確實不好，不適合我們。於是，暑假之後，我辭職了。可那個口口聲聲向我抱怨的、一直喊著要離開的男生卻並沒有如他說的那般離開。

事實上，在我到速食店工作之前，他已經在那裡做了一年半的長期兼職，並且很快就要被提拔為主管。聽說，他很會為人處世，每個月領薪水都會請店裡的同事甚至店經理去餐廳吃飯。這些，當時的我都看在眼裡，卻從未看破，只是純良地相信著他說的話。我不後悔離開那裡，因為透過那件事，我對人心有了另一種更深刻的理解。

04

那天晚上，和阿慧坐同一班地鐵回我們各自的住處。她提前一站下車，對我說，她還想去圖書館備考複習一下。原來，下午出門前她已經提前在背包裡放了一本法考的書，就是準備在和我見過面之後去圖書館繼續複習。

等到我出地鐵時，天已經完全黑下來，淅淅瀝瀝地下著一場不大不小的雨。我在地鐵站出口攔了輛計程車，回到住處，全身鬆散，累得整個人倒頭就睡。睡醒之後，一想到阿慧還在圖書館用功，不禁有些心疼她。

傑克福克斯曾經說過：「請記住，有兩種事我們應該盡量少做，一是用自己的嘴干擾別人的人生，二是靠別人的腦子思考自己的人生。」

在現實生活中，我們總會遇見一些自以為是的人。他們喜歡用一種過來人的心態去指指點點別人的人生，彷彿自己已經參悟了世間種種，可實際上，很多人連自己的人生都沒有活明白。還有一些人，他們講著偽善的話，肆意干涉他人的人生。這兩種都是很可悲的人。

05

也許在這個世界上，我們追求的、期望的人生佈滿荊棘，會不可避免地遭遇外界的很多流言蜚語，那些話語會像洪水一般淹沒你對生活的期待；也許你會時常感到挫敗沮喪，甚至你會發現，自己拚盡全力爭取的東西，好像別人輕而易舉就可以得到，而自己卻需要付出幾倍的汗水；甚至有時候，你會對自己笨拙的努力以及不太靈活的頭腦失望……但請記住，不管過程怎樣，不管經歷多少黯淡無光的日子、經過多長埋頭不被看好的時光，只要最後你在終點處，就一切都好。

我在筆記本裡摘抄過下面這段話：

「能夠登上金字塔頂端的只有兩種動物，一種是雄鷹，一種是蝸牛。雄鷹擁有矯健的翅膀，所以能夠飛到金字塔的頂端，而蝸牛只能從底下一點點爬上去。

雄鷹飛到頂端只要一瞬間，而蝸牛可能需要花費一輩子才能爬到頂端，也許還會爬到一半滾下來而不得不從頭爬起。但只要蝸牛爬到頂端，它所到達的高度和看到的世界就是和雄鷹一樣的。

我們每一個人都可以擁有蝸牛的精神。我們可以不斷攀登自己生命的高峰。終有一天，我們可以在無限風光的險峰俯視和欣賞這個美麗的世界。

無論是雄鷹，還是蝸牛，每一分、每一秒，它們的生命都因勤奮和努力有了它們確定的意義。」

現在，我把這段話送給暫時遇到挫折的人們。

我們可以沒有雄鷹的矯健，但一定要有像蝸牛一般笨拙的勤奮。生命總有一天會遍地開花，開出最清香的花朵，結出最成熟的果實。

抱著越來越好的心態去生活

人生有時候真的很奇妙。
身為當事人的我們，
常常在某一個階段覺得自己好像就要完蛋了，
可是，過幾年回頭看看，
往事不過是一場過眼雲煙。

01

記得有一次，網路上有讀者問我：「你一路走來這麼辛苦，有沒有想過放棄？」

我回答，沒有。說出這個答案時，連一絲的猶豫都沒有。

人生有時候真的很奇妙。身為當事人的我們，常常在某一個階段覺得自己好像就要完蛋了，可是，過幾年回頭看看，往事不過是一場過眼雲煙。

我們依然在生活著，並且一直在往好的方向努力著。我們也許永遠不知道明天會發生什麼，但我們一定是抱著越來越好的心態在生活。

02

我曾經在學校附近一家燒烤店做服務生。

每天下午四點左右去店裡準備燒烤的食材。用木籤串羊肉、串麵包、串火腿、串豆腐……串各種各樣可以用來燒烤的食物。到晚上六點左右，陸陸續續有客人進來，這時我要負責上菜、端盤子、整理餐桌。晚上九點多，生意結束，店家供一頓晚餐，吃完就可以回家了。

自己第一次領薪水，拿了三百五十元。

清楚地記得，那天晚上，我和室友工作結束一起回學校。她騎車載我，我坐在車後座上，興奮地打電話回家，告訴老媽，我今天拿到了自己的第一筆薪水。晚風吹過臉頰，從未有過的清爽。可能是因為第一次靠自己的勞動拿到一份報酬，那種喜悅至今無法忘記。

雖然那份工作我只做了十幾個小時就不再去了，可那份經歷讓我嘗到了靠自己賺錢的成就感。更多的，我體會到了，靠體力賺錢真的很不容易。

03

後來，我又在一家麵館做服務生，主要工作是準備食材、清潔打掃、端盤上菜。

每個星期去三次，每次工作五到八個小時，每個月能拿到五千到七千元的工資。在這裡打工了兩個多月後，正巧碰上我和團隊參加蘇州創博會舉辦的創意營，我們拿了團隊一等獎。頒獎後，後續又有品牌推介活動，要在獲獎的幾個團隊中選拔出四名學生由有經驗的師傅帶著做品牌企劃。

我當時也不知道這個品牌企劃活動到底對自己有什麼幫助，但冥冥中感覺似乎比在麵館做服務生收獲得要多一些——雖然參加這種活動根本沒有薪水。我還是放棄了麵館的工作，放棄了擺在眼前的實實在在的薪水，選擇了去做自己感興趣的事情，選擇了那份沒有任何金錢回報的活動。

我很幸運地在參加選拔的二十幾名學生中被選中，和其他三名同學一起參加創博會的籌備工作。

那場文案企劃整整準備了四個月。從文案撰寫到簡報製作，再到創博會當天上臺發表，每一個細節都事先調整磨練過好多次。

撰寫的文案被負責人否定了四次，後續的大致文案方向定了之後，具體的文案內容又修改了不下十次。簡報的每一頁製作，從排版到構圖，從圖片選擇到文字設計，前前後後也修改過不下十次。

為了確保當天的演出在數千人面前不出錯，為了能夠出色地在舞臺上進行品牌發表演說，我亦私下偷偷演練了不下二十次。最終，那場活動圓滿完成，負責人也非常滿意。

事實證明，正是那一次文案訓練，為我以後做品牌文案撰寫工作打下了紮實的基本功。那一次的經歷，讓我懂得了取捨，懂得了在人生的十字路口如何做出對自己更好的選擇。

04

最後一份打工是做私人一對一的家教，這份家教工作薪水每小時不低於四百元。因為這份工作，我有了一份不錯的收入。它幫助我度過了人生中經濟最窘困的那段時光。

它讓我支付得起學車考駕照的費用，它讓我在備考研究所時有了經濟來源，它讓我賺了足以支撐我研一上半年的全部生活費用……

從剛步入專科院校，到現在讀研究所，一路走來，跌跌撞撞，磕磕絆絆。我從來不是一個擁有好運氣的人，前進的每一步也並沒有什麼高人指點。和很多普通的大學生一樣，我只是在腳踏實地地生活，一步步地想讓自己的生活變得越來越好，想讓自己的人生能夠多一點燦爛的色彩。

05

踏踏實實地走好人生的每一個階段，不對生活失去信心；即使有再多艱難，也抱著越來越好的心態度過每一天。

每天睜開眼睛，不知道新的一天會發生什麼。但唯一確信的是，在不知道可以做什麼的情況下，把自己能做的事盡力做好，就已足夠。

Part 3

有趣的靈魂，從來不需要在別人的世界裡刷存在感

成長，注定是一件很孤獨的事

只要一直走，一直在走，就已經足夠了，
不後退，就代表還有希望。

每天早上五點我就會從床上爬起來，然後躡手躡腳地走到浴室，用冷水洗一下臉；為了不影響室友休息，我將書桌上的檯燈調至昏黃，再一頁一頁輕輕地翻看手裡的書。

已經持續了一個星期，我將起床鬧鐘比以前調早一個小時，每天利用這一個小時看一些課業外的書以拓展眼界。

六點四十左右，我從宿舍出來去學生餐廳吃早飯，然後七點鐘準時進入圖書館。如果當天沒有課，我就一直待在圖書館裡看書、做功課、寫文章。

有段時間，老師留的功課好多，每個星期都要上交一篇不少於五千字的論文。我對自己嚴格要求，總是把每一項作業都力所能及地做到最好。別人花幾個小時就能完成的作業，我往往要花雙倍不止的時間去精益求精，我不知道這樣做值不值得，但是，每一次對自己的嚴格要求，都讓我覺得格外安心。

我一次次挑戰自己的能力極限，不給自己半點喘息的機會。

很多時候，別人只看見你在臺上談笑自如的模樣，卻無法想像那背後一次又一次逼著自己的咬牙堅持。他們哪裡知道，那在講臺上看似脫口而出的每一句話，甚至都是你用秒計時計算過的，那每張講稿都經過了你無數次的修改與打磨。

這些，除了自己，別人並不知道，甚至有人以為你只是比較擅長而已。**其實啊，哪有什麼擅長，都是在多少次想要說「差不多就可以了」的關頭，勒緊了最後一道心理防線，逼著自己一步步向前邁進。**

02

晚上，和班上一位女同學欣欣一起從圖書館回宿舍。

路上，欣欣對我說：「看你幾乎天天在圖書館讀書，真的很認真。」

我說：「我來這個學校，就是為了有可以靜下心來好好讀書的機會，所以學校裡的任何事情都沒有這個重要。」

不知道為什麼，我竟然能夠如此直率地說出這些話，沒有半點的遮遮掩掩和不好意思。大概不想再偽裝了，大概因為太明白自己想要什麼了，所以即使周圍有再多的流言蜚語也傷不了我。

欣欣和我說：「我們寢室裡，有的同學在打工，有的在當家教，大家都蠻忙的。我不想打工賺錢，所以去辦了一張健身房會員卡，想利用這段時間好好健身一下。」我好奇地問她：「你的室友都是怎麼找到打工的？」她說：「是我們同系的　個男生介紹的。那個男生很有才華，還會自己寫詩。」

我說，我不認識他。

她笑我：「這麼厲害的人你都不知道，你真的是『兩耳不聞窗外事，一心唯讀聖賢書』。」

如果是五年前，我肯定會紅著臉著急地加以辯駁，很怕別人說我只會埋頭讀書，其他什麼都不關心。而如今，我不會了。我對她很友好地笑笑，什麼都沒說。

分開的時候，她突然對我說：「你是一個很努力的女孩子。」

我很認真地回答她：「每個人都很努力，只不過方式不一樣，我只是選擇了我自己的方式。」

03

這幾年來，我最大的變化，就是不再害怕別人在背後的說三道四和指指點點。對於這些東西，我只會在聽過後選擇輕描淡寫地略過。

你認定了一種生活方式，選擇了一種成長狀態，就注定要放棄些什麼和要獨自承擔些什麼。你不可能處處都做得八面玲瓏，不可能一邊吃喝玩樂一樣不落，一邊勤奮苦讀靜心獨處。

不好意思，很多事情我做不好也不想做。所以我選擇把我的每一分每一秒都「浪費」在我熱愛的事情上，為我一生嚮往的生活去努力，去奮鬥。這條路上，也許有人笑臉相迎，也許有人不屑一顧，可不管外界風風雨雨有多少，能夠陪你走這條路的，只有你自己。

成長注定是件孤獨的事。這種孤獨有時伴隨著難以忍受的寂寞與無

助，再多的熱鬧都是別人的，你只有你自己。你只有義無反顧地守著自己的方寸土地，揮汗耕耘，甚至有時候抬頭，都不知道自己能不能走到盡頭。但只要一直走，一直在走，就已經足夠了，不後退，就代表還有希望。

如果感到煩躁，不如去跑步吧

同為女孩，我們不一定需要有

Ａ４腰、蜜桃臀、巴掌臉，

但一定要保持身姿的挺拔與俐落，

認真對待自己，

才能有生而為人的精氣神。

晚上七點，穿著橘色運動衫和運動短褲的我，髮梢、額頭、脖頸、後背、臉頰好像剛剛泡在水裡一般，上衣被汗水打濕到用手一擠就可以擠出快半盆的水量。

從下午五點五十五分到七點，一個多小時，跑步十公里。這既是對白天學習、工作、閱讀強度的昇華，也是下一個二十四小時展開的起點。

從讀大學開始到如今，將近七個年頭了。除了讀書、寫字，跑步就好像是一直陪伴我的忠實夥伴。甚至，隨著一年年光陰的遞增，運動的強度也在逐年逐月地增強。特別是這兩年，運動量的強弱已經和我的生活幸福指數呈現正比關係。

從一開始氣喘吁吁地跑八百公尺，到後來的三公里、五公里、七公里、八公里，一直到如今的九到十公里，伴隨著體能增加的，是對人生的那種不服輸的態度。

我發現，如果一段時間停止跑步這項運動，那我的生活注定也好受不到哪裡：一天下來感覺極度疲倦乏力；一個星期下來感覺生活一片蒼白；兩個星期下來脊椎大大小小的毛病就反覆發作。坐著、睡著、站著，從脖頸往下都不自覺地一陣疼痛。

這是長期看書、閱讀、寫字累積下來的毛病，導致現在的我每天的日常閱讀都需要依靠閱讀支架，以保護脊椎不受彎壓。

後來，我發現只要大汗淋漓地跑一場就可以舒緩甚至治癒一天的脊椎疼痛。於是，我開始把跑步當作一種醫治脊椎疼痛的良藥，幾乎每個星期都會跑四五次，每次起碼跑八公里。

02

我在宿舍後面的一條臨近小河邊的道路兩邊跑，戴著藍牙耳機，聽自己喜歡的電臺節目，目之所及皆是自然山水。

長尾巴的松鼠在灌木叢中闖過；白色的野鴨在河裡嘎嘎游過；棕灰

色的野雁撲閃著一對翅膀在湖面掠過；一對小情侶坐在河邊的木椅上說著些我聽不見的悄悄話；道路一邊時不時地有學生經過，或結伴慵懶散步，或三三兩兩地手拿相機對著花花草草拍攝，或一對一對地在路邊打羽毛球。

印象最深刻的一次是下著毛毛雨的天氣，兩條小路邊的人寥寥無幾。我在小雨中慢跑，耳朵裡只聽見淅淅瀝瀝的雨聲，路邊長椅上坐著兩位女同學。雨滴越來越大，節奏也越來越緊密。

跑步經過兩位女同學身邊，碰巧聽見一位女生說：「下雨了，我們不用急著回去，可以撐著傘接著聊。」

於是，那天，那條路上就只剩下了夜晚橘黃色的路燈、跑步的我，以及在雨中訴說家常的女孩，真是好美的畫面。

想起電影《午夜巴黎》的結尾，男主角在夜晚的巴黎城中散步，邂逅了在巴黎一家書店內經常見面的女生。女生對他說：「我老闆拿到了一張科爾波特的新專輯，讓我想起了你。」

男主回答：「我喜歡那樣被想起……我能和你一起走走嗎，或者請你喝咖啡？」

話音剛落，深夜的巴黎突然下起了一場淅淅瀝瀝的小雨，像兩個人之間柔軟又心意契合的對話。為這雨，這對話，這告白，錦上添花。

03

很享受長跑之後帶來的那種全身心的舒暢感，好像身體的每一個細胞、呼吸著的每一寸空氣、過往的每一個階段、眼見過的每一份景致都被啟動、重現。

我可以根據跑步時的感受來判斷自己一天的狀態。

當我跑完五公里、八公里，甚至一直到九公里，整個身體還處於那種稍稍疲軟的狀態，那就是說明我當天的壓力度是五顆星的高度危險等級；當五公里跑完，步伐卻越來越矯健，每一次腳步騰起又觸地，全身隨著這種擺動幅度好像飛起來一般輕快，那就說明白天的狀態還不錯。

但不管怎樣，九公里一過，無論什麼焦慮、煩惱、失落，都統統消失得無影無蹤，整個人如釋重負。真的就像有網友說過的那句話：「跑步分泌的多巴胺僅次於談戀愛，三公里專治各種不爽，五公里專治各種內傷，十公里跑完內心全是坦蕩和善良。」

跑完步後的那種坦然，不僅是身體上，更是精神上的。那是一種讓你覺得好像內心升騰起一股熱力，它可以引領著你去任何你想去的遠方，只要你想。

是的，你的身材、你的體態、你的形貌，皆是你是否有認真生活、用心對待自己的佐證。記得曾在網路上看過這樣一句話：「什麼叫『看起來就輸了』，就是脫光衣服站在一起的樣子」。每每想起這句話，總是啞然失笑。

04

同為女孩，我們不一定需要有A4腰、蜜桃臀、巴掌臉，但一定要保持身姿的挺拔與俐落，認真對待自己，才能有生而為人的精氣神。

如今，我跑步已經有差不多六個年頭。在這期間，我練過瑜伽、跳過健身操、做過肌肉訓練，但始終堅持著的、陪伴我的，讓我不離不棄的，卻是跑步這項最簡單、最實用的運動。

只要一雙跑鞋、一個開闊的路段，我覺得自己就可以一直一直跑下去，跑到汗如雨下，跑到設定的終點，跑到內心最深切的棲息之所。

想對自己說：「願你的過往歲月，皆不負每段年華。」

親愛的女孩，如果你經常陷入負面的情緒沼澤，經常會不自覺地否定自己，時不時地會遇到心緒不佳的狀況，或者對生活感到煩躁，不妨去跑步、去運動吧。

你可以選擇跑步，也可以選擇做瑜伽、游泳、做健身操、打羽毛球、打網球……哪一種都可以，只要可以讓你大汗淋漓，可以幫你洗掉生活給你帶來的負累感。

持續運動，可以讓你活著的每一天都鑲鍍上你喜歡的濾鏡色彩。這種色彩，你真的可以自己賦予自己，而那樣的你，無疑是最美的。

尊重，比刻意迎合更可靠

有時候，我們害怕的不是孤獨本身，
而是遠離集體所帶來的那些瑣碎的聲音，
那些背後，串串讓你防不勝防的
語言暴力以及刻意的、惡性的疏遠。

在網路上，有人提出這樣一個問題：「開學之初，怎麼才能看出新生與老鳥的區別？」

其中一個回答是：「走在校園裡，四個人一起走的一定是剛剛報到的新生，兩個人甚至一個人走的大都是老鳥。」

深以為然。

新生剛步入大學，往往對一切都懷有一種陌生感，這反而會使寢室的集體凝聚力特別強。於是，上課、下課、吃飯、購物、逛街幾乎都是四人成隊，生活節奏一致得就好像一個人。所有個性化的東西都被小心翼翼地隱藏起來，每個人都在急切地尋找屬於自己的小圈圈，擠出那麼一份暫時而稀薄的安全感。當慢慢熟悉了學校的生活環境，那份集體式的安全感就會破碎成一片一片的。漸漸地，越來越多的人開始把自己活成一座孤島。

這也是我在大學感受最深的一點。

走進學生餐廳，明明是四個人一張的桌子，卻往往只坐了一個人。走進圖書館，明明足以容納兩個人的自習桌卻也僅有一個人。哪怕一時找不到座位，寧願換個樓層繼續找，也很少有人會想坐在另一位陌生同學的對面。

回到宿舍，每個人都開始了各自的生活。有時候，我們和室友看似是最親近的人，實則卻很陌生。

曾有一位文學系的學姐跟我分享她的親身經歷：

寢室裡的四個人各自屬於不同的研究領域，幾乎每天都很少碰頭，甚至連句話都很少說。學業上的、精神上的甚至身體上的疲倦根本無法找人訴說。

有一次，她實在受不了，對她的導師訴說：「我好孤獨，沒有人跟我一起做什麼，我去哪兒、去做什麼都是一個人。」

導師對她說：「讀研究所期間，沒有人和自己相處是很正常的現象，沒有人，那就學會自己一個人獨處。」

比我們多走過一些路的長者常常會告訴我們，孤獨是人之常態。

其實，一開始我們彼此也試著去努力相處，不是嗎？我們試著去跟週遭的人統一生活步伐，試著去合拍，試著讓自己的世界接納更多不同的人。

可是，有時候試著試著，那種人與人之間的隔閡感和無力感就會越來越明顯，於是我們漸漸明白，與其把時間花在別人身上，不如好好經營自己。既然無法融入，那就別勉強自己。因為刻意相處，真的蠻累的。

02

有時候，我們害怕的不是孤獨本身，而是遠離集體所帶來的那些瑣碎的聲音，那些背後一串串讓你防不勝防的語言暴力以及刻意的、惡性的疏遠。

曾經我在寫作平臺收到這樣一則私訊：

「我想問，你是怎麼在同學異樣的眼光裡堅持做自己的？比如早起讀書、早起運動、婉拒自己不喜歡的團體活動等，這樣肯定會有人在背後議論你不合群吧？我也想做自己，可是我又很在意周圍的眼光，我怕別人說我不合群。」

從這些隻言片語中，我可以體會到對方那種害怕被閒言碎語中傷的無力，那是一種既想要獨自拚命生長又害怕被孤立的矛盾感。

雖然，我們都說孤獨是常態，是向內生長的力量，但我們是人，是活生生的、有血有肉的人，那顆渴望體驗人與人之間溫暖與感動的心一直火熱著。甚至，有時哪怕對方簡簡單單的一句「吃飯了嗎」都足以讓你感到前所未有的溫暖。

很多時候，生活的常態就是，我們在獨自成長的路上，總是會忍不住時不時地回頭，去尋求那淺淺的溫情。

03

因為求學經歷坎坷，我經歷過各種各樣的人際關係。

剛上大學之初，我也遭遇過明裡暗裡的排擠與議論，調整自己的狀態後，我得到的更多的是同學之間的溫暖與感動。

我到現在都記得，大學兩年，我的寢室每天晚上十點都會亮著昏黃的燈光。那透過窗戶的隱隱亮光，讓一整天都在圖書館讀書深感疲倦的我，感受到一種家的溫暖，那是一份歸屬與慰藉。

其實那兩年，除了睡覺時間，我沒有一天在寢室和室友相處超過兩個小時。

記得一個星期四晚上，一個室友說，她星期五要回家一趟，在家度過週末。我們互相道晚安，說明天見。她開玩笑和我說：「別明天見了，我們大概只能週一見。」

因為早上我起得很早，她們通常很少能看見我。晚上我從圖書館回來，她們有時都已經休息了。但那兩年，我和室友相處得很愉快。我們會在睡前講故事，會一起分享某個商品的優惠券，甚至有人興之所至，會誦讀《詩經》裡的某個段落。話不多，但彼此理解，相互尊重。

有時候，人與人之間的感情並不是靠距離與時間來維持的。如果一

份友情需要靠地理空間的優勢及時間的增量來維持，那麼，只能說這份感情過於單薄而脆弱。

04

我知道，在大學會有各種各樣複雜的、隱晦的人際關係需要處理，稍不得當就會給自己帶來不淺的心理創傷。可我也始終堅信，你以什麼樣的態度對待別人，別人就會以什麼樣的態度對待你。

在這裡，我稍稍分享一下自己在人際關係，特別是室友相處方面我自己的原則，希望能對你有所幫助：

■ **不要在背後議論別人**

每個人都有缺點與優點，試著去發現別人閃亮的一面。如果你覺得與有些人相處不來，那就以普通同學的身分和距離去相處。即便你真的有看不慣的同學，也不要在背後議論他。一方面，你議論別人時，實際上就在惡化你與談論對象的關係，因為天下沒有不透風的牆。另一方面，你越常議論別人，你淪為別人口中的議論對象的機會也就越大，這對你、對你的周遭關係都有百害而無一利。

請記住，無論別人是好是壞，我們都沒有資格去議論他的是或非。

■ 不要貶低別人

不要輕易貶低別人，也不要輕易認為自己很瞭解誰。沒有人能夠徹徹底底地瞭解別人。也許你眼中的那個他，是帶有很強的主觀色彩的。有時候，我們連自己都不一定完全瞭解自己，更不用說別人。所以，請別把你對他人的主觀評判帶到公共交流的視野中去。

■ 學會尊重別人的生活習慣

你的室友、班上的同學來自五湖四海，各自有不同的生活習俗、思維方式、處事慣例。當遇到自己看不順眼的事情時，先別急著指責別人，問問自己，可以從自身的哪些方面出發去改善眼前的狀況。因為，改變自己永遠比改變別人來得容易。

你不一定需要與每一位同學深交，但請給予每一位同學發自內心的尊重，這些是會被對方感受到的。

在大學，我們不能左右別人的一舉一動，但我們可以不斷改善自身的言行舉止，避免自己成為傷害他人的一份子。這，就已足夠了。

把心沉下來，路會越走越明亮

有時候，不是生活太苦，
而是我們的心太浮躁，
浮躁到誤把他人的聲音當作自己的意願，
把別人的思想不自覺地嫁接到自己腦中，
把別人的觀點當作自己為人處世的準則。

認識甜甜姐時，我正值大二。那是在第四屆蘇州創博會上，她來參加原創品牌展覽。

當時，我們團隊一共四名成員全程參與到第四屆創博會籌備當中，每個人負責一款原創品牌的文案介紹，根據品牌調性去塑造屬於它們本身的故事。

整個團隊成員從前一年的十二月份就開始著手準備，一直到第二年四月份，在整整將近半年的時間裡，我們需要接洽各自負責的原創品牌，和品牌創辦人溝通交流，挖掘品牌背後的故事，並在創博會當天在主展覽上介紹給所有會場觀眾。

甜甜姐原創的一個品牌是我們團隊成員負責的品牌之一。

那時候，這個品牌還主要是創作以雞血藤為載體的原創手工作品。這個品牌下的雞血藤手鐲、胸針、項鍊和我們平時在網路上見到的大眾款設計都不太一樣，細節中處處可見專屬於女孩子的精緻、細膩。

在關於品牌的溝通中，我們發現甜甜姐是一個因家庭變故意外輟學的女生，只有高中學歷的她文文靜靜卻又談吐不凡，就如她旗下的產品一樣，給人的印象非常好。從那時起，她和她的產品就刻進了我的腦海裡。

02

後來，創博會結束，我們不再聯繫。

有一陣子我發現，她的品牌專頁不再更新，網拍店鋪產品也不再更新，一直處於冷場狀態。翻看她的社群帳號，我看見她發了很多唯美的照片，我以為她轉行做了攝影師。直到最近，我替室友拍攝了一組寫真，我把寫真照上傳到自己的帳號供朋友欣賞。當我打開按讚通知時，發現甜甜姐赫然在列。

熟悉的頭像，莫名的親切感，我鬼使神差地點開了她的頭像，進入了她的個人頁面。

我好像發現了一塊新大陸。

甜甜姐又重新開始做設計，不再是雞血藤，而是以純銀為製品的原創飾品，包括胸針、耳環、戒指、項鍊等。

我從她的私人帳號發現她的品牌還擁有一個專屬的社群專頁，我順藤摸瓜地加入，然後抱著試試看的心態私訊她，詢問她關於單眼攝影方面的問題。

想來已經很久沒有交集了，突然的打擾讓我感到一絲慚愧。

原本沒奢望能得到回應，沒想到過了一會兒，她一連串地回覆了我好多好多關於攝影的問題。我們聊了有半個小時，在聊天中，我明顯感覺到，將近五年過去了，甜甜姐的事業已然有了翻天覆地的變化。

是的，她變得越來越好了。

她的自拍照有一種很凜然自信的氣場與魅力，她傳達給我一種很高級的自信，一種很積極的生活姿態。

在那個品牌社群帳號裡，每一款產品的場景搭建、攝影風格都讓人賞心悅目，水母耳環、巴洛克珍珠耳釘、連理枝耳線、蜻蜓胸針……

一路緩緩看下來，我彷彿誤入了一個小小的寶藏庫，雅緻、清麗撲面而來。

甜甜姐告訴我，每一款產品照片都是她用單眼相機自己拍攝的——單眼是自學的，後期產品圖的精修工作是她專程到專業補習班進修後自己一點點修出來的。

她熱心地推薦給我她報名課程的攝影機構的社群帳號，並提醒我，那個帳號會時常發一些攝影小技巧，非常實用。

她還說，她現在已經不做雞血藤了，因為沒有融合的佩戴體驗，銷量一直不是很好，所以她開始設計別的產品。

我覺得有些遺憾，但想想又為她感到高興。

03

和甜甜姐聊完天後，晚上睡覺前，我傳訊息給朋友，對他說：「我在創博會認識的那個姐姐越來越厲害了，比我第一次認識她時要優秀好多。」

朋友對我說：「距離你第一次認識她已經快要五年了，大家都在變得越來越好。」隨後他傳給我一個工作室的手工原創作品，和甜甜姐的原創銀飾是同樣的系列，不過款式、種類有些許差異。

這個工作室的創辦人我是認識的，也是個女孩，我們在同一個學校讀過書，後來經朋友介紹，我和她有過一些接觸。

她在學校的創業大廈有兩間單獨的工作室，裡面全是自己手工原創的飾品，飾品的陶瓷器具皆是親自用土窯燒出來的。從原料選材、飾品設計，到細節打磨、場景展示，一系列流程都是她一個人在做。

我在她的工作室做過一條類似波西米亞風格的彩釉項鍊，當時多虧她協助我，告訴我如何搭配，如何編織，如何設計中意的樣式。

一直到後來，我離開學校，到其他院校繼續求學，這些年她一直專注於自己的工作室——教學陶瓷、設計飾品、推廣產品，一樣樣越做越精細。朋友發來她現在所做飾品系列的展本，一頁頁都是成套的飾品——耳環、手鍊、項鍊、耳環、腳鍊、戒指……

我感嘆，五年過去了，身邊的同學、朋友，確實大多都發展得越來越好。儘管過程中可能多多少少有些曲折，但越往後看曾經走過的路，越會發現，原來自己一直在前進，而不是想像中的原地踏步。

04

偶爾會和朋友小楓聊天，這個善良可愛的女生總是嚷嚷著要請我吃飯。

這個我在大學時認識的女生常常和我聊她就職的公司、她的同事、她的老闆，話裡話外皆是滿滿的向上的衝勁。

我印象很深的一點是，她曾告訴我比她稍微年長的一個同事業務能力超級厲害，平時接手的都是幾百萬的業務，每次拿到的抽成相應地也很高，她很羨慕。繼而話鋒一轉，她說自己以後也會一步步變厲害的。

前幾天，小楓傳訊息給我，說一定要請我吃飯，因為自己接了入職以來的第一單業務。她說，雖然業務小，但能從中學到很多東西，等慢慢累積了工作經驗，以後接大業務了，還能請我吃豪華大餐。

她字裡行間皆是抑制不住的興奮與喜悅。我嗔怪她，一個女孩子在外面，要多存點錢，這樣做什麼事都方便。我們約定，等我再回蘇州，一起出來逛街、吃飯，還有，為她拍照。

05

可能是由於學業生涯比較坎坷，我接觸的人裡，有專科生、大學生，也有研究生。

專科剛畢業的時候，我發現我身邊的同學大都選擇回老家工作。有一個平時常見面的理科男，一個人在大城市時心好像總靜不下來，備感生活的壓力。後來，他選擇了回老家，和女朋友一起工作。

偶然再次有了聯繫之後，發現回老家之後的他整個人的生活越來越進入正軌。

他的薪資收入相對於老家那邊的人還是比較豐厚的，甚至和大城市的普遍薪資不相上下。有時候，他還會私下接一些外快賺錢。比起在大城市，他在老家明顯在工作上更用心，更有拚勁。

在我看來，將近兩年時間過去了，身為一個社會人士，他的職業生涯在一步步穩步向前；身為一位男朋友，他越來越有責任心。

這些，都是在歲月洗滌中留下的足跡，但卻好像很容易被我們忽略。

其實，一個人只要能夠把心沉下來，一步一個腳印地去踏踏實實地做事，不被外界的聲音淹沒，不迷失對生活的信念，即使當下邁出的步伐很小，但日積月累，總會由量變發生質變，沉澱出屬於自身的獨特魅力。

有時候，不是生活太苦，而是我們的心太浮躁，浮躁到誤把他人的聲音當作自己的意願，把別人的思想不自覺地嫁接到自己腦中，把別人的觀點當作自己為人處世的準則。這些外界的情緒會一點一點地積壓在我們的潛意識裡，慢慢歪曲我們原本對生活的期待。

只有學會定時審視、定時清空思維深處別人的痕跡，我們自己的思想才能在時光的洗滌下，沉澱得越來越有分量。

越是一個人的路，越要相信，自己會越走越明亮。

身心無羈絆，清明且澄澈，是一個人行走世間最動人的姿態。

我沒「打卡」過很多景點，
但我也有世界觀

與其追逐別人口中的「世面」，
不如好好思考如何構築適合自己的生活狀態。

曾滑到一支短影片，影片中一個看著年紀不大的女生開口第一句話就是：「沒見過世界的女生，哪裡來的世界觀？」

那一陣子網路上頻頻爆出類似「沒有吃過某火鍋」、「沒有用過專櫃保養品、化妝品」與「見過世面與否」連結在一起的話題討論。

每次看到這種標題的內容，我都會倒吸一口涼氣。

不知道從什麼時候開始，類似這種自帶優越感的「偽世面」論調流行於網路上，又如洪水般蔓延至大家的日常生活中。

網路時代給予我們的這一套劃分人與人之間優越與否的標準，貌似精準又清晰，卻不知道它明目張膽地挫傷了多少人的自尊心，更不知道它有多少可確信度。

我沒去吃過某火鍋，也從來沒買過專櫃保養品，甚至沒去過其他城市旅行。所以你看，在一些人眼裡，我可能就是那種「沒有看過世界，沒有自己的世界觀的人」。但我要告訴你的另一面還有：

在上研究所之前，我吃火鍋的次數五個手指頭都可以數得出來。一直到讀研究所，每次同班同學聚會大家都會選擇吃火鍋，也正因此，我才能馬馬虎虎地說自己吃過幾次火鍋。

直到現在，平時和朋友出去吃飯，我也很少會選擇吃火鍋，在我的飲食習慣裡，它通常都是排在最後的選項。

我從小到大也很少離開我出生的城市，即使出去旅遊，也沒有離開很遠。

這些，就是我一個二十幾歲女孩的生活狀態。

02

我生平第一次坐飛機是在大學的時候，和同系的老師、同學一起到其他城市參加為期三天的學術會議。

我記得那一天到機場取票，我排隊跟在導師後面，對他說：「我第一次坐飛機，老師您拿了票等我一下，別把我搞丟了。」

導師很驚訝，他笑著說：「你第一次坐呀，那我要好好看著你。」

飛機起飛的那一刻，我突然感受到人類的偉大，感受到一種從無到有的身為人類的自豪感，我想，這就是第一次坐飛機帶給我最大的感受。

三個多小時的旅程，我眨著眼睛透過窗戶看藍藍的天空，第一次感到自己離穹頂的白雲如此之近，近到觸手可及，它們像極了我小時候拿在手裡的一朵朵柔軟的棉花糖。

返程是在晚上，我坐在臨窗的位置瞧見機翼在深邃的夜空中滑出一條淺淺的弧線，還有不遠處橘紅色的界限分明的天際線。越過機翼往外看，也會看到地面上不曾見過的風景，這是一種新的體驗，但也只是一種體驗罷了。

03

其實，任何人、事、物本身都沒有太多的內涵，但因人的存在，便賦予了它們不同的意義屬性。而我總覺得，自媒體的興起彷彿給了各色人等宣洩的出口。於是，以個性展示為藉口，以自媒體為工具，在大眾空間肆意發佈所謂的個人價值觀，帶來一波波群體性的附和與盲從。

所謂的有關「世面」的爭論又何嘗不是這種「偽價值觀」下的產物。

但其實很多人可能一輩子並沒有體驗過多少富庶的生活、遊覽過多少名勝景點、去過多少藝術名都，但卻照樣創造出了流傳後世的瑰寶。

現實主義者梭羅一生都未遠離其出生地麻薩諸塞州的康科特，他僅根據自己在瓦爾登湖的生活經驗，卻寫出了流傳後世、影響深遠的著作《湖濱散記》，向世人證明了人所需要的並不是過多的物質享受，而應該是一種簡樸的、獨立的、發自內心的富足的自然生活。

被譽為「太陽之子」的畫家梵谷，二十七歲開始了畫畫生涯，餘生潦倒貧苦，不為人知，卻憑藉其獨特的生命創造力創作出一幅幅為後人所珍藏的向日葵、星空、自畫像等畫作。

畫家米開朗基羅一生混跡於貧民之中，卻在文藝復興人才迭出之際，憑藉自己對現實生活的思考創作出一系列文藝復興啟蒙畫作，在西方美學史上占據了一席之地。

這些或許離我們當下生活的年代太過久遠，但他們的歷史存在卻足以顛覆自媒體時代的某些「假議題」言論。

04

去過多少地方旅行，「打卡」過多少網紅餐廳，用過多麼昂貴的專櫃保養品、化妝品等真的不能代表所謂的見過世面與否。

與其追逐別人口中的「世面」，不如好好思考如何構築適合自己的生活狀態。

比如，踏實工作。以紮實的一技之長為自己在職場謀得一席之地，供養自己當下的生活，及無數個不期而遇的未來。

比如，好好愛自己。在每一個稀鬆平常的日子，為自己做健康的一日三餐；在每一個值得慶祝的節日，給自己一份力所能及的獎賞——哪怕是一杯咖啡、一束鮮花、一份甜點；在每一次以為過不去的失魂落魄之際，也要好好睡覺，按時吃飯，定期和朋友聯絡聊天……這些貫穿於細微處的一點一滴，就是愛自己的印記，也是好好生活的證明。

再比如，盡心盡力愛身邊的人。在朋友遇到困難時，力所能及地獻出自己的一份力；在擁有某種喜悅時，學會和身邊的人分享，一份喜悅就會裂變為雙份的快樂。

不因為缺少某種經驗而感到自卑，不為某種主流附和的價值取向而感到被孤立，不為某種不被認可的生活方式而感到怯懦。

努力生活，好好愛自己，也好好愛身邊的人，這樣的用心生活比盲目追求「見世面」要可靠多了。

自我肯定，你才活得果斷而堅定

能夠讓自己活得自信且灑脫、
活得堅定且果斷的，
永遠只有發自內心地對自我的認同與接納。

每次看見別人寫滿無數獎項榮譽的履歷，總會有一種莫名的失落。這不是忌妒，而是一種面對自我的無能為力。

前幾天，偶然看見一些優秀的大學畢業生名單以及歷年成果。有人連續四年獲得一等獎學金，有人做的科研題目斬獲四五項獎，有人在短短四年大學期間發表六七篇文章……像這樣整篇都是德智體美全面發展的表揚文章，著實讓人看得眼花撩亂。

特別是看到「○○學生四年來發表了○○篇學術文章」時，總要在頭腦裡兜兜轉轉好幾個回合。從人家大一進校開始算，一直算到大四畢業，再從一年有多少天、多少個小時，算到四年一共有多少天、多少個小時。

這些可不是白算的，我有一肚子的疑問要刨根問底。

「按照這位學生發表論文的速度，大一苦讀課業，之後減去大四實習期，還剩四個學期。他發表了五篇論文，也就是一個學期能寫將近一篇半。天吶，這真是又厲害又可怕。」

想來自己也是有過論文發表經歷的人，就在一年前，還發表過一篇馬馬虎虎的論文。不算最開始前的主題構思，從開始著手寫，一直到最終定稿，可是花了我整整半年多的時光，滿滿算來也是有六個多月的。論文改過十三版後，我整個人都有一種筋疲力盡的感覺，直到一個月後才將情緒調整過來。

可是，再看看別人，瞬間明白什麼叫「天外有天，人外有人」。

和朋友聊起這件事，我對他說：「他們都好厲害啊！但是導師明明告訴我，就算是導師自己寫作發表一篇文章，也要半年多呢，難道導師當初只是為了安慰我才那樣說的？」

02

越來越認清自己之後，我發現偶爾自嘲一下也是一種不錯的情緒調劑方式。

然而，當我們在情緒恍惚不安中，碰到比自己優秀很多的人，是真的會陷入一種跌入谷底的絕望感。

「怎麼別人那麼厲害，偏偏我那麼笨。」

「別人不用努力就能輕易取得不錯的成績，而我付出雙倍的精力仍然只能原地踏步。」

「他們都嘲笑我，說我很努力，可成績一點都沒提高。」

我想，很多人應該都或多或少地經歷過這些言語的打擊，我也是。但不知道在什麼時刻，突然一下子變得不在乎了。不在乎別人的閒言碎語，不在乎所謂的面子問題，不在乎誰在背後有意中傷自己。因為這些人與事，這些言辭與評價，不會跟隨自己一輩子，也不會真正地定義自己。

能夠讓自己活得自信且灑脫、活得堅定且果斷的，永遠只有發自內心地對自我的認同與接納。

最近在艾倫・狄波頓《我愛身分地位》中，看到這樣一句話：所謂成功，應該是成熟到擁有肯定自我的能力。

它重新定義了「成功」這個概念，不是從世俗意義上，不是從名利角度，也不是從他人視角，而是從一個人的內心層面。

「成熟到擁有肯定自我的能力」在我看來，其實包含兩個方面：承認自己的能力限度，但也擁有突破現有能力桎梏的底氣。

處於低谷時，不自怨自艾，相信自己總會有從低潮中走出來的那一天。再凋零殘破的花朵，都曾經有過花團錦簇的歲歲年華；再卑微的種子，也都有破土而出、迎風展葉的契機。

抵達高峰時，時刻告誡自己，從高處向下逐步滑落是一個不可避免的過程。正所謂「人無千日好，花無百日紅」。

我們總是在某個階段感覺人生一路順遂，在某個階段又會覺得前路一片荊棘泥沼。因為生活需要面對太多不確定、可變化的因素，沒有協調一致的心境，自然免不了隨生活的起伏不定而恍惚遲疑。

這時候，不妨試著放慢甚至停下匆匆而行的腳步。不去想未來，不去憶往昔，只是念當下。也就是說，比起趕路，停下來、慢下來，也不失為另一種曲折通幽式的前進。因為人是需要在某個時間，刻意替自己按下一個暫停鍵的。不去讓雜亂的思緒無止境地蔓延，不去接受外界任何資訊，不去聽從任何人的聲音，而是向內審視，向內探求答案。

即使尋得的答案並不完美，但也絕對不會太糟糕。

真的只是停下來，哪怕只是兩三個小時、半天、一天，或者一個晚上，回看曾經走過的路，以及此刻走到此處時內心的感受。這是最簡單的，也是最難的。

因為，有時候，比起面對生活本身，真實地正視自己，丈量自己的內心，是需要付出更多倍的勇氣與毅力的。

在生活的未知中，把握可控的自己

生活本身就有很多不確定性，在追夢的過程中，
不可避免地會伴隨著失落、絕望、無助、求而不得。
也許，哪怕我們用盡全力，
都不一定能得到自己期待的結果；
但可以肯定的是，
如果不全力嘗試，就一定不會得到自己想要的。

想起最近看的一部電影《登峰造擊》，內容是勵志而又令人心痛的。電影講述了這樣一個故事：

因和女兒關係疏遠，拳擊教練法蘭奇長時間在人群中封閉自己，直到瑪姬走進他的體育館，請求法蘭奇收她為徒弟。瑪姬堅毅的決心動搖了法蘭奇，法蘭奇決定把瑪姬培養成出色的女拳擊手。

儘管過程很艱辛，但二人在訓練和比賽中的相處令法蘭奇得到了親情的撫慰，而瑪姬也如願登上了拳擊場，並在拳擊界一步步有了自己的聲望。

就在夢想觸手可及的時候，命運卻給了瑪姬慘痛的一擊。

為了更快地提升拳擊水準，為了站上更高的平臺，為了擁有更多的掌聲，瑪姬不斷地參加拳擊比賽，一次次挑戰更高水準的對手。可就在她快要拿到冠軍獎牌時，卻被對手以一擊下流的重拳擊碎了夢想。

瑪姬的身體受到了極大的摧殘。她不能呼吸，要靠呼吸機才能維持生命。她腿上的傷口更加嚴重，甚至要面臨截肢。她的後半生注定要像植物人一樣生活，注定永遠無法再站起來。

更殘酷的是，當瑪姬滿心期待能得到親情的安慰時，她的家人卻只渴望謀奪她所有的財產。在他們心中，瑪姬的生死並不重要。

身體的殘缺、夢想的破滅、親情的背叛，讓瑪姬產生了結束生命的念頭。可她全身都不能動，甚至連自殺都是奢望。

瑪姬對教練說，她曾經站在全世界最頂端，無數人為她吶喊，她擁有過被夢想之光照耀的過去。在這些曾經的榮耀還未完全從身上消失時，她想帶著這份希望離開人世，而不是繼續狼狽卑微地活在世上。

02

這部影片不是一般的青春勵志片——主人公在追尋夢想的道路上收獲了期待中的掌聲與鮮花——而是在跨進夢想之門的前夕，在享受到無數掌聲之後，幸福戛然而止。

如果早知道結局是這樣的，那曾經努力追尋的意義又在哪裡？

關於這部電影，評論區有這樣一個留言：這部電影詮釋了努力不一定會成功，但不努力一定不會成功。

瑪姬為了夢想賭上了一切，包括自己的生命，但關於追尋夢想這件事，至少她到死都是不後悔的。

03

《登峰造擊》雖是一部電影，但也折射了赤裸裸的現實生活。

現實中，有很多人都在為自己理想中的生活而努力拚搏，可如果到最後終究一無所獲，那我們該如何面對呢？很多人的焦慮、迷茫、無助，不就是在恐懼這樣的一種結局嗎？但比起一眼望到頭的後半生，人們更希望人生充滿不確定的驚喜與期待。

生活本身就有很多不確定性，在追夢的過程中，不可避免地會伴隨著失落、絕望、無助、求而不得。也許，哪怕我們用盡全力，都不一定能得到自己期待的結果；但可以肯定的是，如果不全力嘗試，就一定不會得到自己想要的。而我們能夠做的，就是在生活的各種未知中，把握可控的自己，一步步接近理想的生活。這，就已經足夠了。

Part

4

和喜歡的一切在一起，和年紀沒關係

二十幾歲的迷茫，時間會給你答案

我深知自己選擇繼續求學這條路，
追求的是什麼。
這兩三年，我不怕暫時的物質上的匱乏與貧窮，
只怕精神上的貧瘠與無知。

01

記憶中，第一次意識到現實的無奈，是在專科二年級那年。

在放寒假之前，我和明喆約好暑假兩個人一起在學校附近工作。我們提前半個月找房子，結果卻發現附近的房子租金對我們兩個而言，太貴了。除去房租，接近房租一半的仲介費也令我們備感壓力。

記得有一次明喆看到我們學校附近有一則公寓出租的資訊，於是，我們聯繫了房東。房東對我們說，那間房子朝陽，採光好，而且目前租住的其餘兩戶暑假也都會搬走，很寬敞。

結果等我們去看房子才發現，那間房子在那棟樓的最頂層，而且沒有電梯。我們走進房間，只看到滿地堆積的垃圾、衣服、棉被；廚房裡，瓦斯爐和窗臺上也遍佈著塵土與污垢。我推開露天陽臺的門，門後簡直就是一個小型垃圾場，易開罐瓶、破衣服、塑膠袋等各式各樣的廢品堆成了一座山。

我想像中的小客廳、小沙發、窗明几淨的玻璃窗、纖塵不染的廚房廚具，在那小丘般的垃圾堆面前徹底破滅了。

那天晚上回到學校，我一個人圍著操場跑了連自己都數不清的圈數，一直到汗流浹背，兩腿微微發抖。

02

繳完駕訓班的費用，正式學車的第一天，我告訴教練，希望越早學會、越早拿到駕照越好。

教練問我，每天最早能幾點起床到駕訓班練習。我說，我每天早上五點就可以起來，於是，教練要我每天早上六點半在學校門口等他。

那時，我剛開始準備研究生考試。每天五點起床，盥洗完之後我就收拾書包先去圖書館或自習室背半個小時的英文，之後六點半到學校門口等教練接我去駕訓班。

那半個月，每天早上，教練都會特意開車到學校接我，而我內心也對他充滿著無法表達的感激，只能每天為他帶一杯學生餐廳的熱豆漿以示感謝。

因為教練的格外照顧，我能夠每天一個人一輛車練習五六個小時，每一個項目、每一個動作我都要求自己做上百遍，一直到將每一個動作都內化為肢體的下意識動作。

不到一個月的時間，我通過了考試，拿到了駕照。我為什麼這麼急？因為我深知，還有更重要的事情等著我去做，我只有最多一個月的時間去練車。接下來的一年，我還需要學好系上課程，還需要一邊準備研究所考試，一邊打工賺研究所備考期間的生活費。

一個人在最艱難的時候，各方面的耐力往往也是最強大的。

那一年，我很少有時間去迷茫，很少有時間去怨天怨地，我滿腦子都是顧好課業、多賺生活費、提高研究所備考效率。

03

自從開始賺錢養活自己之後，我每個月的生活費都是有計畫的花。

有一個學期，我的生活費有兩部分來源：一部分是暑假一對一的家教費用；一部分是學校每個月的補助金、獎學金。所以那個學期的我在學校沒有做任何兼職，也沒有任何做兼職的計畫，正因為如此，我可以清晰地預估我未來一年的收支狀況。

還有一個學期，我的生活就是上課、閱讀、寫作。我也知道，和我一樣的研一學生，有的已經開始打工了，可我始終堅持自己讀研究所的初衷，將平時上課之外的幾乎大部分時間用來閱讀、寫作。

我將自己的物欲降到最低：

一個人在學校從來不去逛超市，也很少買零食，一日三餐幾乎都在學生餐廳吃。偶爾出去吃的幾次機會，都是師生聚餐，導師請客。

一年春夏秋冬，每個季節我最多逛兩次街，只買一到兩件換季的衣服。

至於化妝品、保養品、身體乳這些女孩子必備的東西，我都是一直用到瓶子見底才會購買新的。

但這些對於我而言，已經足夠了。在我的觀念裡，以後賺錢的機會有的是，可能夠靜下心來有系統地念書的時間，也就眼下這兩三年。

我深知自己選擇繼續求學這條路，追求的是什麼。這兩三年，我不怕暫時的物質上的匱乏與貧窮，只怕精神上的貧瘠與無知。

04

二十四歲那年的我，常常數著手指頭過日子，一天又一天，一年又一年。

有時候，我也不知道自己選擇的路、自己每個時期的想法是錯還是對，或者是否還有更優的選擇。

回想自己二十到二十四歲那段旅程，我經歷過很多抉擇，在那期間有迷茫、有自卑、有絕望。可站在這個時期，回頭看當初的自己，中間跌跌撞撞，但到最後，我終究走到了自己心目中較為期待的一步。

很多時候，當我們不知道人生每一個階段應該怎麼走、怎麼選擇時，都期盼出現一位「人生導師」，能夠指導自己準確地做出每一次抉

擇。

可事實是，面對每一個十字路口，到最後能夠指導我們的，只有自己。

二十歲出頭的迷茫，真的不算什麼，每個人都注定從這條路、從這個階段走過來。

有時候，我會換個角度去看待這種狀態：迷茫說明自己在試圖突破現在的狀態，試圖去讓生活有新的改觀。

我深信，只要一直在思考、一直在付諸實踐、一直在反思，剩下的，時間會給出答案。

二十五歲，不再期待成為誰的誰

不再期待成為誰的誰，也不再過度討好誰，
更不願為了誰而改變自己。
接納自己的不完美，默許自己的任性與孩子氣，
一點點耕耘、培育、建築屬於自己的方寸之地。

點蠟燭、許心願、吹蠟燭、分蛋糕，這好像就是我二十五歲生日這一天做得最恰如其分的一件事。

細細想來，開始贊許不知道是誰發明的「生日」。它賦予每個人每年出生的那一天獨特的儀式感，吃生日蛋糕、許下一年的生日願望、默許增長一歲的時間刻度、等待下一年的相同的日子。

聊聊二十五歲，這是二十歲與三十歲之間的中間地帶，除了對年齡變化的認知，除了這一年特別留意到的眼角出現的魚尾紋，心理上的變化也開始以某種漸變的方式影響著一年又一年的生活。

想起不久前和老師、同學聚餐，一位二十五歲的男同學在酒意闌珊之時，在飯桌上傾訴，以前覺得關於感情好像沒有什麼可害怕的，但發現一到二十五歲，怕的東西就開始變多了。

他問已過半百的老師，如何看待年齡。得到的回答是：「三十而立，四十不惑，五十知天命，六十耳順。」

老師說，當他二十多歲時，也像我們一樣，焦慮、擔憂，不知道自己該做什麼；到了三十歲，就開始明白自己要做些什麼；再到四十歲，慢慢做一些力所能及的事情；到了五十歲，心態比二十多歲時好了很多，會順其自然地做一些事情，不再像年輕時那樣總有種患得患失的感覺。

02

其實，過往每年生日我都沒有什麼特別的感覺，類似某種年齡上的焦慮感也從來不會隨著年齡的增長而至。

但不得不承認，二十五歲這一年，我已然開始有些膽怯自己的年齡，彷彿它就是一紙具有法律、道德雙重約束效應的文書，無形中暗示並框定著人們，應該做些什麼，不應做些什麼。

二十五歲的我，其實很害怕陷入這樣的狀態，但仔細想想，不知道是不是因為仍在求學的原因，以及刻在骨子裡的執拗，讓我在大眾媒體營造的焦灼的年齡場域中還不曾感到自己被外在的東西約束住些什麼。

一直在想，用怎樣的一句話來給二十五歲這一年的自己做一個還算貼切的總結——心理上的、精神上的以及某種說不出的生活情愫。

「期許活在自己的世界裡。」我想，用這樣一句話來形容這一年的自己是再合適不過的。

03

以前一直害怕自己總是活在自己的世界裡，像一個井底之蛙一般，只看見自己視野中的些許天地，卻永遠見不了更廣闊的世界。

因為這種心理狀態，一度總覺得自己無論做什麼，與別人相比都是很淺薄的一種存在。越是這樣想，越容易像一個溺水的人，極度渴望掙脫這種自我暗示的狀態，結果反而越陷越深。

那種自卑、怯懦，表面上好像看不出來；但只有自己知道，表面上看似正常的自己，其實內在的能量正在一天天地被自我蠶食。

已經想不起來，是從什麼時候開始，這種情緒開始逐漸消散，以至於到現在，尤其在這一年，我開始堅定地、深信不疑地希望能活在自我構築的世界裡。**不再期待成為誰的誰，也不再過度討好誰，更不願為了誰而改變自己。接納自己的不完美，默許自己的任性與孩子氣，一點點耕耘、培育、建築屬於自己的方寸之地。**

有志趣相投的朋友、可以相守的伴侶，由汗水、勤勉、信念所構築的理想生活，以及隨著年齡的增長，願意在年復一年的閱歷中去探索、延伸、拓展方寸之地以外更大的邊界，但永遠也不放棄在大千世界中所應該保持的邊界感。

04

腦海裡記憶猶新的一個電影場面，是《海上鋼琴師》中的男主角想要結束二十幾年的海上生活，到更廣闊的陸地去。但在從甲板上下來的那幾分鐘，他放棄了這樣的想法。

他說：「連綿不絕的城市，什麼都有，除了盡頭，沒有盡頭。我看不見城市的盡頭，我需要看見城市的盡頭。」

於他而言，自己的世界就是從船頭到船尾，是可掌控的；一直彈奏的鋼琴，也是由八十八個鍵組成的，他可以在這有限的音符裡奏出無限美妙的音樂。

現在再想想，其實他說的就是實實在在的生活。

這個世界的誘惑很多，數以千計的工作、數以億計的男男女女、數以萬種以上的生活。因為沒有止境，或者說，因為不可計數，生活在這個世界的人們，在作為單一的個體時，總期待遇見下一個，下一個。

「下一個」不僅僅是「下一個」，而是代表更好、更優。

這樣對無限的追逐，使一些人失去了去沉思、去補救、去解決自我問題的能力，而不斷沉溺於無限未知的下一個。工作如此、感情如此、人際如此。

於是，很多人寄望於一個又一個不用收拾殘局的新的開始。在這種過度速食式的生活節奏中，「播種、培育、等待、收穫」這樣一個如四季播種般規律循環的生態系統被破壞、顛覆、解構。

不再相信什麼，就很難再堅守些什麼，甚至很難再去認認真真地承諾些什麼。

二十五歲這一年的我，開始一點點解構曾經不假思索或者難得思索所接受、默許的一些價值觀；不準備做某種無謂的質疑，而是批判地去看待、審視、判斷其在自我期許之地裡的採納值。該捨棄的，毫不猶豫地捨棄；該留下的，倍加珍惜地對待。

二十五歲，我不再期許成為誰的誰。

沒什麼比
「我本來可以更好」更令人惋惜

這個世界上，
應該沒有什麼比看著自己
一步一個腳印地變得越來越好，
更讓人感到幸福的了。

曾經有一個月的時間，感覺自己就像打游擊戰一樣，在學業方面，做好一門課程作業，又著急忙慌地奔赴下一門課程；這門課程結束之後，又開始著手準備畢業論文，在不到兩個星期的時間裡看了三百七十多篇論文文獻；這中間還穿插著準備另一門課程的主題報告，同時還要保持一天至少一本理論書的閱讀效率……

有時候確實感覺這樣好累，會偶爾冒出一種「差不多就好了」的心態，但這種想法又會立即被自己否定掉。好像頭腦裡總有一個聲音提醒著自己，對喜歡的事、一直堅持的選擇，不要有任何的妥協與應付。

人的天性裡面是有很大部分的惰性的。特別是對於女生而言，這個社會看似男女平等，但你仔細去瞧瞧人情世故、世間百態，你會發覺，很多時候，它們都是在以一種與社會進步潮流反向的趨勢去矮化拉低女生的自我成長觀。

所以，身為一個女孩子，一旦有「差不多」心態，不管出於什麼樣的原因，如果真的這樣去做了，往後餘生很多時光也會在「差不多」中碌碌無為。

這是一件很遺憾的事情，因為沒有什麼比「我本可以做得更好」這樣類似的嘆息更令人惋惜的了。

02

我是幸運的，在離家求學的這些光陰裡，一直朝著自己想走的方向發展著。

有時候，偶然間看著鏡子裡的自己，覺得這個女孩子不管是容貌，還是精神狀態，抑或思想內涵，都在這幾年的光陰裡，一年年地蛻變著，一直到慢慢變成自己曾經期望的模樣。

在這裡，我想分享我在這些年裡關於成長的一些個人建議，或者說自己一直堅守的一些信念，希望每一個年輕女孩都可以擁有燦爛明麗的二十歲，可以以一種更加堅毅、更加篤定的心態去面對未來的風風雨雨。

永遠不要放棄自我成長的機會

記得有一次和朋友聊天，他跟我說，某個女生在高中的時候是他隔壁班的同學，那時候她真的非常好學、非常勤奮，經過她們班的時候，經常能看見她在座位上認真看書，但不知道為什麼，上了專科之後她就變了一個樣。

在朋友看來，上了專科之後的她，無論是在性情還是在學習態度方面，都發生了天翻地覆的變化，完全不是從前那個勤奮、好學的女生了。

我想說的是，無論你現在做著什麼樣的工作，上著什麼層次的院校，就讀著什麼樣的科系，都不要對自己的人生掉以輕心，甚至產生索性就這樣吧的行為。

無論現狀是好還是壞，都要擁有隨時清空自己的能力。

如果你正處於自己理想的狀態中，那就繼續保持吧，同時，學會清空過去取得的榮譽；如果你正處於人生的低谷，那就要學會和不如意的過去握手言和，把一手爛牌努力逆轉為一手好牌。

當你真正這樣做時，你甚至可以把過去失敗的一切轉變為誰都無法奪走的、獨屬於自己的無形資產。

■ 你不必擁有好看的容顏，但一定要有耐看的氣質

我很喜歡的一位女老師，她不是一個五官長得特別精緻的女性，但卻讓人第一眼看上去就覺得賞心悅目，舉止投足之間有一種端莊、嫻靜的氣質。在她身上，我真正體會到了什麼叫作「腹有詩書氣自華」。

後來，透過和這位老師密切接觸我才知道，原來她竟有過那麼沒自信的過去。但那些日子已經成為過往了，她憑藉著自己的一腔倔強以及對熱愛之事的執著，一步步走到了今天。

在講臺上的她，出口成章，古詩詞句信手拈來；在日常生活中的她，活得通透又果敢。

我發現，一個人的容貌是可以隨著氣質的修煉而發生改變的。也就

是說，在到達一定的年齡之後，容貌不僅僅取決於外在的妝容和皮膚狀態，更會隨著你內在精神的變化而發生轉變。

當你精神豐盈，活得勇敢又堅毅，你會發現自己的臉部輪廓、線條、五官都會潛移默化地朝那種很大氣的形態去發展。當你精神空虛，活得卑微又怯懦，你展現出來的樣貌形態也一定會給人一種負面的印象。甚至你會發現，一些天生擁有姣好容貌的女生，一旦精神世界日益萎靡，容貌就會呈現一種膚淺的、空蕩的偽精緻，變成一副純粹的空皮囊。

■ 你不必羨慕誰，但你一定要知道，你想成為什麼樣的人

以前，總覺得無論自己做什麼事，參加什麼活動，穿什麼衣服，化什麼妝容，都很土，後來不知道從什麼時候開始，我不再顧及別人的眼光，只專注於自己當下的每一件事——即使只是一件特別小的事情，我完全摒棄了先前活在別人眼光下的想法。

我現在依舊知道，有很多同齡人比我努力，比我優秀，但我不會再

羨慕或焦慮。我現在經常做的事情就是去分析別人優秀的原因，再對比自身的狀況，汲他人之所長，補己之短，朝自己想要成為的模樣一步步去努力。

甚至，我會在心中完整地刻畫出想成為的那個模樣——她是什麼容貌，什麼體態，做什麼樣的職業，住什麼樣的房子，和什麼樣的人在一起，擁有什麼樣的生活狀態。這樣的畫面在腦海中描摹得越詳細，每天生活的動力就越充足。

■ 無論單身或戀愛，都要用一個人的心態去生活

這裡「一個人的心態」是指，你要在日常生活中培養獨當一面的能力，無論是物質上的，還是精神上的。完完全全靠自己一個人的生活，需要巨大的承壓力、強大的自制力以及永不妥協的精神動力，當你經歷了這一切，才會真正得到一個完滿獨立的自己。

你深知且自信，你不必依靠誰，不必寄居於誰，一個人也可以活得圓滿自在。

■ 比存款多少更重要的，是賺錢的能力

當開始自己養活自己之後，我開始考慮兩點：

第一點，如何將工作時間內的價值最大化，或者說，如何盡可能地提高工作時間內的賺錢效率。

第二點，專注於核心能力的變現培養。

關於第一點，自從讀研究所後，為了不佔用讀書時間，我都是利用寒暑假兼職，並且會刻意地利用特長去選擇工作。這樣往往一個假期下來，我就可以用很少的時間賺到一個學期的生活費。

關於第二點，比起金錢的儲蓄，從長期來看更重要的是，你賺錢的能力有沒有得到提升。

近期，我開始刻意地花一部分時間在畢業之後想要從事的職業上，並且著手做詳細的規劃。每個星期、每個月、每季、每半年需要在這一塊花費多長時間、多少精力，達到什麼程度的學習效果，需要按部就班地一步步地落實到位。甚至，我已經開始刻意調整寒暑假的工作，以配

合我想要長期發展的職業技能。

以上這些，就是想和年輕的女孩子們分享的一些心得，希望現在的、未來的每一天，我們都是在以一種越來越飽滿的心態去生活。

這個世界上，應該沒有什麼比看著自己一步一個腳印地變得越來越好，更讓人感到幸福的了。

閱讀，
讓我們讀出那個最想成為的自己

在閱讀中，
我透過別人的生活，觀照自己的生活；
透過他人的人生，看見自己生命的無限可能。

01

和一位讀者聊天，她問我：「你平時會買什麼價位的書？貴不貴？」

我對她說：「無論多貴的書，只要我想看，都會毫不猶豫地買下來。」

這個四月我買了十一本書。一套汪曾祺的散文全集，一本《斷捨離》，一本單眼攝影技巧書，兩本工具類書籍。還有一本是跟朋友逛書店時朋友送給我的慶山的《夏摩山谷》。

每個月，我都會給自己買各種各樣的書。最開心的，就是收到書的包裹時，那種撕開包裝紙、觸摸紙質書的感覺。

在買書這方面，我很捨得。

有時候，出去吃一頓飯或喝杯奶茶我都會很心疼，但是買一本四五百元的書，我眼睛都不會眨一下。身為一名學生，平日在學校，除了一日三餐，剩下的大部分錢我都會花在買書上。有時候，生活費比較拮据時，我寧願吃得更簡單一點，都不會動本該計畫買書的那部分資金。

從專科到大學，再到現在的研究所生活，我買的書累積起來可以裝滿七八個大行李箱。

要到外地唸研究所時，我將我所有的書都放在了朋友那裡。他的租屋處有一半的空間都被各種書箱占據了。可是我依舊樂此不疲地買書。

買書，是學生時代的我，對自己最優的投資。

買回來的書，我都會一一讀完甚至花很多時間做筆記。

我曾經對我的朋友說，我以後最大的願望，就是可以不用考慮錢，可以肆無忌憚地買自己喜歡的書——因為現在的書真的蠻貴的——有些理論書甚至是限量版，優惠更少。

專業類的書，我很少去圖書館借閱。一方面，每次閱讀時我都會在上面做很多筆記——用各色水彩筆，或是用各種顏色的小標籤；另一方面，有些書是要反覆看、隨時翻閱的。

02

記得有一次，任課老師給我們一個作業，要全班同學讀李澤厚的《美的歷程》。然而，班上有不少同學因為捨不得花幾百塊錢去買這本書而乾脆選擇了不讀。

看著這一幕，我感到既震驚又難過。

有些人，寧願去買與自身消費水準不符的奢侈品，也不願意花幾百塊錢去為自己買一本書。我認為，這是一件很畸形的事。

花一些錢去買各種各樣的書，多多讀書，多多投資自己的大腦，這是很必要的事。

03

小時候讀的第一本課外書是奧斯特洛夫斯基的《鋼鐵是怎樣煉成的》。

至今還記得在一個梅雨季，門外淅淅瀝瀝地下著雨，天空被烏雲壓得暗黑，我一個人坐在小板凳上看書，當時，保爾·柯察金全身癱瘓、雙目失明、疾病纏身卻依舊頑強生活的意志深深震撼和吸引了我。那時候我才知道，原來除了課本，世界上還有這麼有趣的書籍。後來到高中，一直都沒有這樣很痛快的、無目的性的閱讀經歷，記憶中大抵都是為應付考試而看作文素材。

直到上大學之後，才可以隨心所欲地看一些自己喜歡的書籍。我逐漸學會了如何找到自己喜歡的書籍，並找到適合自己的閱讀方式。

我在讀書中，一步步找到自己，讓自己變得越來越好。與其說是讀書，不如說是在一步步讀懂自己，找到真實的自己，成為更好的自己，活成期待中的自己。

讀書，讓我看到了人生的無限可能。透過閱讀，我瞭解了這個世界上並不只有固定的一種生活模式，你可以選擇朝九晚五的傳統生活，也可以挑戰浪跡天涯的自由狀態。你還會看到：有人即使生活在泥淖中，依舊沒有失去仰望星空的能力；原來平凡大眾靠著自己的勤奮努力，也可以創造屬於自己的理想生活。

在閱讀中，我透過別人的生活，觀照自己的生活；透過他人的人生，看見自己生命的無限可能。

讀書，還可以提升我們的審美觀，增加一個人對生活的感受力。

每當我覺得日子有點乏味時，我都會選擇看一些散文類、攝影類、服飾搭配類的書籍。

一方面，透過閱讀一篇篇優美的散文，可以增強我對美的感知度；另一方面，攝影、服飾類的書籍可以提高我的審美修養，讓我學會一些穿搭技巧並形成自己獨特的穿衣風格。

一個人的精神世界，對美的感知力，審美的能力，是可以透過你的外表展現出來的。

04

因為多年來持續地買書、讀書，再買書、再讀書，我的人生觀、價值觀發生了很大的改變。甚至在這幾年的人生十字路口，我所做出的很多在現在看來無比正確的決定，都是讀書帶給我的。

專科畢業那年，因為想讀自己喜歡的科系，並且希望獲得一些專業的文學訓練，我選擇了繼續念書，繼續升學。

後來，我如願考取了自己喜歡的漢語言文學系。

因為這份對讀書的熱愛，我的成績一直名列前茅，並且在不斷的學習中，我對文學作品的理解力獲得了很大的提升。也是因為這份熱愛，我在讀了一年大學後，又產生了考研究所深造的念頭。

後來，我如願考上了自己心心念念的院校。

在九月份研究所開學後，除了平時上課之外，幾乎所有的時間我都一個人待在圖書館裡，埋頭看書。每天都能遨遊在書的海洋裡，是我清晨起床開始一天生活最大的動力。

有一陣子，除了平時上課，學校還為我們安排了各種講座，常常一堂講座聽下來就是半天。而且那一陣子，我也在幫老師處理相關事務，讀書的時間被大大壓縮。

為了有更多的時間閱讀，每天晚上無論多晚休息，我第二天早上五點十分都會準時從床上爬起來，一個人打開小檯燈，一頁頁地閱讀。目之所至，皆是讓自己觸動的文字。

我當時還算了這樣一筆帳：每天早起一個小時，一週就能多出七個小時的閱讀時間，這樣一週就能讀完一本書。一週讀一本，一個月就能讀四本，一年就能讀四十八本，研究所三年就能讀一百四十四本。

這是多麼巨大的閱讀量，而這僅僅只因為我每天早起了一個小時，實在是太值得了。

準備考研究所期間，有一段時間我的感情出了問題。那時候剛好是十一月末，接近考研究所初試的日子。

在我快要一蹶不振時，我想起我喜歡的女作家蕭紅的感情經歷，她一生在愛與被愛中兜兜轉轉，終究抱著遺憾離開人世。還有女作家廬隱，一生感情曲折顛沛，用一句話形容她的人生就是「一出父門，即入夫門」。從這些女作家的文字與生平中，我悟出一個道理：一個女人，唯有自愛，唯有堅強，唯有獨立——特別是精神上的獨立，才能獲得理想的愛情。

我很喜歡蕭紅的《生死場》，在那段難熬的日子裡，我連續讀了三遍。散文詩般的言語，淒婉的旋律，哀而不得的悲劇，卻有一種鼓動人心的力量。

在研究所考試時，一直到進考場的那一刻，我都一直抱著那本書在閱讀，以此緩解臨考的緊張和因感情不順導致的沮喪。

書，就是我生活中的一盞明燈，它指引著我一步步跟隨自己的內心去尋求遵從本心的答案。

05

我很喜歡把書捧在手裡、筆觸滑在紙上的感覺，很踏實，很安心。

在這裡，我想分享幾個關於讀書的技巧。

■ 持續閱讀一些經典書籍

所謂經典，我自己的定義是，除了有一定的權威認可度，於你而言還要稍稍有些閱讀難度。

如果我們一味地閱讀自己輕易就能讀懂的書，思考能力是不會得到多大的提升的。讀一些經典且有些閱讀難度的書，閱讀的過程就是思考能力訓練的過程。當你真正耐著性子讀完了這些書，在未來的某個時刻、某一天，你很可能就會油然而生一種頓悟的透徹感，對事物的認知深度提升一個臺階。

■ 閱讀之前，一定要專門花時間去選書

可供我們閱讀的書太多，如何在有限的生命裡，盡可能的吸收書中的精華？答案就是，我們需要好好選書。

閱讀完一本書少則需要花費三到四個小時，多則一個月甚至一年。所以，比起隨便讀一本書，不如在讀書之前先有針對性地選一些經典的、適合自己的書。

■ 以批判的眼光去審視自己閱讀的書籍

有一句古話說：「盡信書，則不如無書。」任何一本書都會多多少少帶有作者一定的主觀意識。因此，我們閱讀時要學會保有一種批判的態度。這樣，一本書讀完，你的感觸會更深，思考的發散程度會更加充分。

說到底，其實，我們讀書就是在讀自己，讀出那個最想成為的自己。有書的地方，哪裡都如蜜餞，苦咖啡也會變成一杯甜化人心的糖水。

願你，熱愛閱讀，慢慢閱讀，在閱讀中，找到內心深處想要追尋的那個自己。

學會和現實相處，
用心感知每個瞬間的幸福

不管身處何種逆境，
都要懷有熱情地過好自己的生活。
相信只要每天進步一點點，
今天就勝過昨天，明天就勝過今天。
記住，昨天、今天、明天，每一天，
你都是嶄新的你，都是充滿希望的你。

現代社會發展越來越快，人感知幸福的能力卻越來越遲鈍。

通信技術飛速發展，從一開始的2G到3G到4G再到現在逐步開發的5G，資訊更迭越來越快，甚至已經超過人腦的反應速度。

以前人們的交通工具是馬車，到後來是自行車、電動車、汽車，現在則是高鐵、飛機。

以前人們之間靠寄信來維持感情，到後來是用家用電話、手機，再到現在大部分人都用網路通訊軟體來社交。

以前我們的生活遵循著春夏秋冬四季更迭、日出而作、日落而息的規律；現在有了高樓大廈，都市夜晚舉目皆是霓虹燈光，辦公大樓裡的白天黑夜似乎正在慢慢融為一體……

一開始，技術的研發都是以「人」為出發點，期望透過現代硬性設施的進步將人從勞作中解放出來，能更加享受生活。但現在與以前相比，競爭壓力越來越大，生存焦慮越來越濃重，幸福指數越來越低。

升學的壓力、工作的焦慮、房貸車貸的負擔、兒女成長的擔憂……你會發現，人們的眼光總是盯著人生的下一個時刻，總是馬不停蹄地為還未到來的生活忙忙碌碌。

我們似乎總是在忙著追逐未來，卻很少停下腳步，去觀察當下的生活。

你有多久沒有歇下來好好地吃一頓飯菜？
你有多久沒有駐足留意過頭頂的天空？
你有多久沒有對著鏡子好好看看自己的容顏？
你有多久沒有和愛人深情地促膝長談？
你有多久沒有問過自己到底快不快樂？

02

一個人越投入對未來的追逐，就會越焦慮，越失去與現實相處的能力。

《皮囊》這本書裡，名叫厚朴的年輕人就是一個極度理想化的人物。他來自農村、心懷夢想，極度渴望嘗試世界上所有的可能。

在大學，他組了樂隊，起名為「世界」；一週換三個女朋友；把老師轟下臺唱自己編寫的歌曲……他做著這些自以為年少很有魄力很瀟灑的事；但可悲的是，他漸漸分不清世界的虛幻與真實，分不清當下與未來。漂離真實的世界太遠，想像太過腳踏實地，務虛的方式最終不能活出他期待的人生，最終只能與死亡為伴。

再次觀看《夏洛特煩惱》，最大的觸動就是要活在當下，珍惜現在。以前看的時候，是真的覺得這部電影好笑、幽默、喜劇色彩強烈；現在再看，是含著眼淚在笑。

原來，喜劇就是對人生最大的隱喻與戲謔。

在同學眼中，夏洛就是一個完完全全的失敗者，他依靠老婆馬冬梅過活。在學生時代的暗戀對象秋雅的婚禮上，夏洛冒充有錢人，被妻子當場揭穿。混亂之中，他穿越到了一九九七年的高中時代。他如願改變了自己的人生，娶到了曾經暗戀的秋雅，憑藉「創作」他人的成名曲而進入娛樂圈，生活、事業一帆風順。可看似得到一切的他卻完全沒有成就感，他的內心極度空虛。他漸漸發現，自己最懷念的竟然是與曾經被自己嫌棄的老婆馬冬梅相處的日子，那破舊狹窄的小平房，那一碗茴香打鹵麵。

原來，一味地高估未來，真的會失去對當下幸福的感知力。

03

其實，珍惜當下就是在擁抱未來。踏踏實實地走好當下的每一步，做好手頭可以做好的事，就是在為未來累積能量。

有一陣子，我經常會收到這樣的留言：我好迷茫，每天都不知道自己該幹什麼。

我總是會回應這幾個字：那就把當下的事做好。

如果你是朝九晚五的上班族，那就把本職工作做到極致，做到在所處環境裡別人無法替代你的地步；如果你是一名學生，那就把課業學好、學精；如果你是全職媽媽，那就用心照顧好兒女、維護好家庭……

迷茫時，先做好本職的事，再去挑戰其他的可能。

其實，人們的迷茫，很大部分的原因是想得太多，做得太少。想像大於行動，對未來的期待大於現實具備的能力，兩者反差越大，心理越失衡，生活就會越迷茫。

所以，解決迷茫最好的辦法，就是珍惜當下所擁有的一切。

珍惜你的朋友、戀人、家人；珍惜活著的每一天；珍惜還來得及改變的自己。

珍惜你的朋友吧，因為朋友就是我們自己選擇的家人。選擇與自己秉性氣質相投的人做朋友，以真誠坦率之心與之交往。珍惜彼此之間的友情，你會發現人與人之間的溫情是那麼的可貴。

珍惜一直陪伴你的愛人吧，茫茫人海中相遇、相知、相戀，是一份太過美好的事。

珍惜你的家人吧，不給家人壞臉色，學會感恩，學會換位思考。

珍惜活著的每一天。帶著微笑去擁抱每一天的生活，珍惜當下的分分秒秒，能夠平平安安地活著，就已然是一件太過幸福的事。

最最重要的是，珍惜還來得及改變的自己，學會規劃自己的生活。**做好自己能力範圍之內能夠做的事，再逼著自己稍稍跨出舒適圈，去一點點觸碰並打破自己的能力邊界**。不管身處何種逆境，都要懷有熱情地過好自己的生活。相信只要每天進步一點點，今天就勝過昨天，明天就勝過今天。

記住，昨天、今天、明天，每一天，你都是嶄新的你，都是充滿希望的你。

你原本可以不用這麼焦慮

不要為了自律而自律，
不要為了努力而努力。
自律也好，努力也罷，
都是一件特別不值得去炫耀的事。

晚上將近十二點，收到一位學妹傳來的訊息。

她說，她很害怕自己這麼努力，堅持到最後卻一事無成。之所以會產生這種想法，是因為她每天都不能好好地完成要做的事情。

她傳來一段自己每天的排程：

「早上四點半起床洗臉，做英語試題，臨摹字帖。六點半去學校附近打工。八點返回學校上課。中午打工一個小時。午休一個小時。晚上打工一個小時，練舞兩個小時。九點半開始背英語單字一個小時，十點半左右回宿舍盥洗睡覺。我覺得我每天的時間都不夠用，不知道複習、預習課業的時間從哪裡擠出來。」

看了她傳來的訊息，我在紙上算了一下，不算上課的時間，她一天至少要完成五件不同的事：做英語試題，背英語單字，臨摹字帖，練舞，打工。

從我自己目前的狀況看，一天能夠高效率地完成四件事就已經很不錯了。

拋開她安排得是否合埋不說，我更想從一個大的方面說的是，當你每天為自己安排很多學習計畫的時候，請思考以下三個問題：

第一，你為自己安排這項計畫的目的是什麼？

第二，你想從這些計畫中培養的核心能力什麼？

第三，當你感覺每天的計畫壓得自己喘不過氣時，為什麼不試著刪減你的計畫？

身為一名在校大學生，我們首先更應該學好的是系上課程，而不是一味捨本逐末，用大量的時間去做自己認為的有用的事。

大學期間，大部分學生的認知能力是有限的，會被外界的各種因素左右。

比如，看見別人寫作賺錢，就覺得自己文筆也不錯，就很輕易地浪費大量的時間去寫作而忽略了對課業的學習。

無論你是否對你所讀的科系感興趣，請堅持學好它。因為當你真正學好、學精你的系上課程，你會發現，你收獲的已經遠遠不止專業知識本身，意料之外的那些東西可能會給你的人生帶來很大的幫助。況且，只要用心去學，你會從每一位老師的身上學到很多課堂之外的東西，這無疑又是另一筆寶貴的財富。

因此，我從來不建議身為大學生的我們輕視自己的課業而另尋一條道路。也許你是真心喜歡另一條路，那也請在課業學到位的情況下，去做你喜歡的事，否則到最後很容易兩邊都學無所成，最後落得兩手空空。

02

不要為了自律而自律，不要為了努力而努力。自律也好，努力也罷，都是一件特別不值得去炫耀的事。它們其實就像吃飯睡覺一樣，是你為了追求更好的生活品質必經的道路。

在自律、努力的路上，很重要的一點是，你一定要有一個最終的導向，即你最終想實現什麼樣的目標。確定最終目標之後，去對目標加以分析：實現這個目標最需要的核心能力是什麼（一到兩個）？次要能力是什麼？一一寫出來。

當你確定這些之後，做好自己的時間管理。不要一次貪多，一步一步來。

我提供兩種方法給大家：

①自己安排一個時間區段。比如說，從幾月份到幾月份，主要培養什麼核心能力，需要達到什麼水準。等你的核心能力慢慢培養起來了，再去一個個增加需要培養的輔助能力。

②可以以週為單位來安排協調自己需要學習的技能。比如週一到週五，把所有空閒的時間用來只培養一個核心能力。然後週末兩天，專門用來培養一到兩個輔助能力。

03

就我自己而言，我在確保每天的課業能得到充分學習的情況下，再依據自身的情況去培養其他的技能。

比如，週一到週五，我會每天利用二到三個小時的固定時間去寫作，其他時間留給系上課程。週六到週日，留半天的時間對一週的寫作情況進行總結，並對下一週的寫作情況做計畫。另外，我選擇的輔助技能是攝影。攝影每個星期學習兩個小時，週六、週日各一個小時，分別安排在晚上睡前一個小時。這樣一週一次循環。

當然，我肯定還會有其他的東西需要學習。我會慢慢來，將它們分散到不同的階段，而不是一股腦兒地都同步進行。

我始終堅持的原則就是：以學習核心能力為主，再輔以其他技能。核心能力是需要你精學的，每天花二到三個小時去堅持做它。輔助能力是需要你泛學的，所謂泛學不是馬馬虎虎瞭解個大概，而是相較於核心能力，花費的時間相對少一些，等核心能力有所提升，再去精學它們。因此，針對自己的目標要做到精學與泛學相結合，主次分明，張弛有度。

很多時候，我們明明把計畫都安排得好好的，但還是會焦躁、會害怕、會迷茫。

那是因為我們很多時候太重視短期的收益，而等不及長期的回報。可是很多能力之所以叫核心能力，就是因為它對於你目標的實現有著不可替代的作用。所以，這必然需要你花費大量的時間精力去培養它。如果這時你反其道而行之，過分看重短期的效果，肯定會事與願違，陷入不間斷的焦慮之中。

你要有勇氣去堅信，自己所有的付出，自會有一番收穫。耐住性子，沉下心去做，其他的就交給時間。

Part

5

冷清又熱鬧，我要把生活過成自己的樣子

專注於喜歡的事，是對自己最好的取悅

就好像你確定了你的目的地，
那麼無論是坐飛機還是坐火車，抑或步行，
你終究有抵達的那一天。

01

我有一個朋友由於做主播的緣故，常常被問及播音這個行業是不是真的很賺錢。

平時在自媒體上，主播、錄音類的培訓也屢見不鮮。比如「徵文學朗誦愛好者，線上辦公，時間自由，四百元／小時」、「徵一百名宅家錄書兼職，一百～四百元／小時」、「人人都能操作的有聲書配音副業賺錢方法」等。

在這個所謂的紅利時代，盲目跟風投入某個行業去賺錢，結果很可能是人財兩空，到最後成為資本收割下陪跑的人。所以，與其焦頭爛額地追逐那些所謂的紅利風口，不如深挖且專注於自己喜歡的事，這才是一個人對自己最好的取悅與獎勵。

02

其實，「播音」只是所謂的時代紅利下的冰山一角。

你會發現，伴隨瞬息萬變的時代紅利浪潮，各種知識付費課程層出不窮，百態橫生。比如電商運營、新媒體寫作、短影音創作、時間管理、理財培訓……

這些課程許諾的共同點皆是：零基礎，適應各類人群，特別是家庭主婦、上班族、月光族、大學生；低門檻、高收入、課程方法論總結全覆蓋、後期資源提供一條龍服務。這很大程度上滿足了普通大眾沒資源、沒方向、沒人脈、沒時間等生活痛點，看似是為他們打造出了一條幸福速達快車路線。

於是，很多人興致勃勃地付費購買，可卻只有少中極少的人真正地透過學習站上了紅利風口。更多的人，付出與野心兩端天平傾斜失衡，不僅浪費了時間、金錢，自己的自信也再一次受到碾壓。

法國哲學家、現代思想大師尚・布希亞早在《消費社會》一書中，就以「鏡子」與「玻璃櫥窗」兩種比喻做概念對比，他寫道：

「在當代秩序中不再存在使人可以遭遇自己或好或壞影像的鏡子或鏡面，存在的只是玻璃櫥窗——消費的幾何場所，在那裡個體不再反思自己，而是沉浸到對不斷增多的物品／符號的凝視中去，沉浸到社會地位秩序中去。

我們在櫥窗中看到的不是自我完整的影像，而是商品和疊加在商品上，被切割得支離破碎的模模糊糊的自我。

前商品社會的個人，對自己的看法類似鏡子，基本上看到一個完整的自我，而商品社會的個人，是玻璃櫥窗中碎片狀的個體。」

除此之外，他還用另一個比喻「去了影子的人」來指人的異化。影子消失，鏡子轉換成玻璃櫥窗，這些都意味著人遠離深度模式和價值判斷，被資本消費符號構築成了平面。

於是，「再也沒有存在之矛盾，也沒有存在和表象的或然判斷。只有符號的發送和接收，而個體的存在在符號的這種組合和計算之中被取消了……消費者從未面對過他自身的需要。」

也許，這才是「站在風口上，豬都可以飛起來」這一引人為豪的社會浪潮背後，許多人的生活本相。

04

不管哪一門技能，播音主持、電商運營、新媒體寫作、短影音創作、理財培訓、時間管理，這背後都離不開千萬個日日夜夜的專業深耕與沉澱，絕非一尺之功。

就短影音而言，除了學會拍攝，這背後還需要你對市場內容的定位、企劃、行銷深入掌控，影片畫面的每一幀剪輯也都依賴於你長期審美底蘊的修煉。

就寫作而言，這不僅僅是掌握幾個行文結構的套路、開頭、轉折、正文、結尾的歸納公式就可以簡單了事的，它還需要你對文字有一定的敏感度，對經典文學作品有過深度鑒讀，能對古今哲學思想探索與深思，它更離不開口日的習作與廣泛高品質的研讀。

即使是暢銷書作家村上春樹，他同樣也需要十年如一日的埋首習作。甚至為了更好地從事寫作，他自二十九歲開始，堅持每日長跑十公里，以保持一份對寫作的自律與飽滿的韌勁。

而就自媒體運營而言，看似入門門檻低，卻也離不開自身專業能力的厚積薄發。只有那些深諳內容創作和長期致力於大眾傳播的媒體人，在恰逢時代風向下轉投新媒體內容創業，才更易取得令人羨慕的成績。

即便是如我們所熟知的被世人稱為股神的巴菲特，也離不開終身的學習。

巴菲特曾說：「我們每個人終其一生，只需要做好一件事就足夠了。」終身閱讀和學習是巴菲特堅持了一生的習慣和信仰。因為巴菲特讀的書實在多，合夥人查理·蒙格甚至曾評價其為「簡直就是長了兩條腿的圖書館」。

記得一名當紅女星也曾在演講中這樣闡述過自己對演員夢的執著追求：「我認為，英雄的出處是來自內心的強大，來自對夢想的執著追求和你所從事職業的堅持與踏實，以及自身面對浮華的定力。我想成為這樣的英雄，我想距離自己的夢想更近一些。我也正在努力著，努力成為一名優秀的演員。」

所以，你看，世間所有怒放的才華，都是用汗水澆灌出來的花朵。

05

當然，並不是說所謂的時代紅利一無用處。在時代紅利浪潮下，我們完全可以借勢而為，嘗試並找到自己感興趣的職業，將它作為一項長期發展的職業技能，專注且熱愛著。可最重要的是，我們要明白該如何在這令人眼花繚亂的機會中找到適合自己的職業。

首先，不妨把各類付費課程作為嘗試的入門檻。花盡量少的費用去接觸某一個自己感興趣的行業。以此為切入點，深入耕耘，透過不斷的學習與精進，將其打磨為生存的立身之本。

其次，如果對未來從事的職業感到一片迷茫，不如降維思考。也就是從自己想抵達的生命終點去思索，先弄清楚你未來想過的生活，以及你願意為這種理想生活付出的代價有多大。當你明白了這些，那麼無論你從事哪個行業，從事什麼樣的職業其實都不重要了，只要堅守初心，堅持努力，你都能獲得最終的成功，這些無非是時間快慢問題。就好像你確定了目的地，那麼無論是坐飛機還是坐火車，抑或步行，你終究有抵達的那一天。

選擇一件事情，投入進去，做精做專，靠自己的拚搏付出，過著理想中的生活，這才是一個人對自己最好的取悅。

你要努力生活，
也要善待自己

親愛的女孩，

你要努力生活，但也別忘了善待自己。

01

好像年紀越大，身體各方面的狀態越不如從前。控制體重、維持身材、保持良好的精神狀態、保養皮膚……這些都需要花費比十八九歲雙倍不止的精力。

連續幾天大吃大喝——燒烤、牛排、油炸食品，體重計上的數字立刻讓你清醒；只要稍稍吃多一點油膩的食物，小腹贅肉就會凸顯；睡眠不好或晚上熬夜，第二天所有疑難雜症全都像商量好了似的，一個一個給你好臉色——一整天頭腦都是昏昏沉沉的，哪怕第二天睡得再晚，補充再多的睡眠，都無濟於事。

02

總之，身體的一切微妙的或大膽的變化，都在向你宣誓，親愛的，你已經不再年輕了。

這些，是我步入二十五歲時，身體給予我的最大善意的提醒。

過去幾年不間斷的閱讀學習，讓我脖頸附近的脊椎長期遭受著壓力。而在最近這半年，它們彷彿卯足了勁要給我點臉色看看。我的脊椎會間歇性酸痛，甚至連手臂都難以抬升。我不能再像以前一樣長時間低頭看書，哪怕只是幾分鐘，我脖頸附近的脊椎也會開始抗議。

我清楚記得那是十月一日那天晚上一點多，我被硬生生疼醒了，背後的脊椎彷彿被撕裂一般，疼到無法呼吸。在床上輾轉反側，任憑怎樣調整呼吸，怎樣放鬆身體，疼痛依舊持續性地向身體發起攻擊。我痛到眼淚被逼出來，凌晨兩點躲在浴室裡哭。

我已經回憶不起來那天自己是怎麼樣入睡的。只記得當我再一次平躺在床上時，手錶的時針已經指向了數字5。

03

不久前，我在網路上買了一個磨砂綠的閱讀架。

每次看書時，需要先將要讀的書放在閱讀架上，再將閱讀架的高度調整到眼睛可以平視書頁文字的高度。

現在每天去圖書館我都會帶著這個閱讀架。一到圖書館確定座位，第一件事就是將當天要讀的書安置在閱讀架上。因為它，我不用再低頭看書，脖頸那邊的疼痛感也稍稍緩和了一些。

除了多年累積起來的脊椎疼痛，我的體能狀態也大不如從前。我的身體發生了兩個明顯的變化：一是雖然保持著和以前一樣的睡眠時間，可我現在時常會感到昏昏欲睡，精神狀態極其不佳；二是每天晚上從圖書館回到宿舍，整個人累到好像全身都要散了一般，渾身無力。

有時候我會想，自己是不是真的老了。

我快要二十五歲了，已經比不上三四年前的自己，那個時候的我精力充沛，為了自己生活的理想，可以每天至少十個小時泡在圖書館，高專注，高投入。

那時，我每天睡眠不到六個小時，中午僅僅趴在書桌上稍稍休息半個小時，剩下的時間，除了正常的學業課程，全部花在進一步的求學上。那時的我也很少運動，每天的運動量就是從宿舍到圖書館每天來回的距離。

那時高強度的讀書狀態並不會讓我感覺到疲憊，但現在，不行了。

我依舊懷有當初的赤忱以及對學業的專注與投入，但我的身體已經跟不上了。它變著花樣地用各種方法來懲罰我對它的忽視。我不知道它是在責備我過去的幾年對它太過於輕視，還是真的累了，想要停下來休息一下。

為了每天擁有飽滿的精神狀態，之前早起讀書的時間改為了晨起跑步。從五點半開始晨跑，一個小時八公里，跑完之後回宿舍簡單盥洗一下，然後吃早飯，去圖書館。

我以這樣的方式改善自己的身體狀況，相較於之前，確實有了很大的進步，但好像我再怎麼努力，身體狀態也回不到以前了，我時常需要付出雙倍的精力，才能讓身體跟得上我想要努力生活的意志力。

越長大，越發現，好多事情都是無能為力的。有時候我們能做的，就是試著以平和的心態去接納它、去擁抱它、去消化它。

我隱隱地承認，自己真的開始不再年輕了。我也許還擁有十八九歲年輕氣盛的心態，但身體已經開始向歲月妥協。它以自己的方式告訴我：親愛的女孩，你要努力生活，但也別忘了善待自己。

我也開始接受這樣的事實，並且透過自己的方式，和它好好商量：親愛的，我會學會慢慢善待自己，但也請你和我一起努力生活。

寫到這裡，祝願每一個不再那麼年少的我們，既要好好生活，也別忘了好好愛自己。

因為未來，路還很長。

對交朋友這件事，
我們無須太功利

時刻保持一種勤勉的態度，以及方寸之內的真心；
去容納更多可能會在某一天走失的人與物，
去接受生活中隨時都可能結束的情感。
生活不過是，一日三餐，二三摯友，
以及猝不及防的接受與失去。

我發現，自從重新理解了「朋友」一詞後，在人際相處方面，我好像一下子釋然且輕鬆了很多。

一方面，我不再像過去那樣執迷於一定要和誰維護好關係；另一方面，我開始拋棄社交、網路等方面關於交友的至理箴言，只從自己的生活體驗出發，只堅信於自己在與別人相處，及所思、所想、所感中得到的零星信條。

一旦遇到一些問題，把它當作一個課題認真地去對待，吃飯、行走、玩樂時都將之存入潛意識中，反覆琢磨，原來的空白無頭緒便會在某個瞬間一下子豁然開朗。

這一套思考問題的方法，對於「朋友」這個話題也是一樣的適用且行之有效。

正因為如此，我逐漸避開「訊息繭房」★精心打造的「優秀論」——即強調我們更應該和優秀的人交朋友。這個論點的支持點在於，和優秀

★ 訊息繭房：Information Cocoons，指網路資訊量龐大，用戶不可能全盤接收，必須對這些訊息進行選擇，而通常用戶只會注意自己選擇的東西和使自己愉快的訊息，久而久之，會將自己桎梏於像蠶繭一般的繭房中。

的人在一起，身為當事人的自己也會同樣變得越來越好。而所謂優秀的定義，包括高學歷、高薪資、高職位、高水準的生活追求等等。

這在某種程度上可以說奉行的是「近朱者赤，近墨者黑」的信條，只不過在當下社會被強調與利用得更加淋漓極致。然而，社交網路、電視綜藝等各種現代媒介渲染打造的高層次生活、高階層人群、高薪階級等與所謂的「優秀」掛鉤的條件，很多對生活雄心勃勃的普通年輕人是接觸不到的。

剛剛步入社會的我們，沒有什麼閱歷，縱覽身邊的人，也大部分都是普通的工薪階層。如果一味好高騖遠，盲目追求所謂的優質人脈、高層圈子，那只會讓自己陷入迷茫焦慮的困境。

所以，身為普通人的大多數，於我而言，比起追求和優秀的人交朋友，其實，和真心對待你的人交友是更加值得珍視的。

萌萌是我從小玩到大的朋友，我們認識已有二十餘年。

自高中之後，我們兩人就走上了不一樣的道路，她開始步入社會生活，我依舊走在接受傳統教育的道路上。

她開始工作後的第一年回家過年，買了一件帶蕾絲邊的嫩粉色外套給我。後來，我去外地上大學，每次去她那裡，她都會請我吃飯，帶我去各處逛。再後來，她結婚、生孩子、成了全職家庭主婦；我依舊是一個再普通不過的學生。

不同的成長道路並沒有讓我們走得越來越遠。她會跟我訴說家庭生活的各種不順心，我也會和她談感情生活及關於學校生活的種種。我不會嫌她對生活的各種吐槽，她也不會質疑我所選擇的道路。

忙起來時，幾乎不怎麼聯繫；但只要見面，依舊會閒聊各種各樣的事情。

如果說，有什麼是一直維繫我和她能夠走到今天的，那一定是一顆真心。不做作，不算計，不偽善。

司徒是我國中時遇見的，國三那年，我們被分到同一個班級，但沒有多少交集。後來，我們兩個竟然上了同一所高中，在同一個班級，同一個寢室。再後來，我們朝夕相處，在同一個屋簷下吃飯、學習。上大學時，我們在不同的城市。大學畢業之後，她選擇了工作。

她有點不太在意社交，相處的朋友也寥寥無幾。但即使一年都見不到面，我們依舊會在某個節日互通電話，互相送給對方喜歡的禮物。

阿敏是我專科認識的同校同學。我們因為某個巧合變成了現在的好友。她大學畢業之後選擇了參加工作。在我讀研究所期間，她領到薪水總會買各種小禮物給我，一條披肩、一個唇膏、一支眼霜……

其實每段感情的一開始，我們都不知道我們今後會產生多麼深刻的關係，可慢慢相處下來，當這段友情沒有太多虛偽的套路，沒有太多偽善的言語，亦沒有太多功利性的目的，感情自然而然就會變得越來越深。於是，慢慢地，我發現，每一段讓我打心底想要好好經營的友情，如果說有什麼共同點，那一定是「真誠」二字。

有那麼一段時間，每到一個新環境，交友都會成為一個足以令我感到困擾的問題。我曾經以為朋友之間就一定要親密無間、一定要無話不談、一定要坦誠相待。後來漸漸發現，**當我們退一步去定義「朋友」一詞的含義時，對待身邊的人際交往反而會更加從容。**

有一次和一位相處不錯的異性朋友聊天，他反問我：「你認為什麼才是朋友？」

他說，他有很多朋友，從室友到同班同學，再到從小玩到大的人。在他看來，和他們在一起，很多時候不過是大家開開心心地一起吃喝玩樂，並沒有什麼特別的意義。

他對我說：「好像你們女生對於朋友的要求都很高很高。」

自那次聊天之後，我真的覺得自己有所頓悟。我不再試圖給「朋友」這個詞彙太多感性的定義，當我對它沒有了太嚴重的「情感潔癖」之後，我和周遭的關係好像也緩和了很多。我不再以自己的價值標準去定義朋友這個詞彙，而是給它一個更加寬泛且更具包容性的理解。

可以一起吃一頓飯、可以一起逛一次街，可以一起相約在圖書館讀書，甚至一次深夜交談，對我而言，這些生命中出現的人都可以歸於「朋友」這一欄中。

與此同時，我也更加珍惜那些一直以來陪伴在我身邊的人。我開始知道自己小小的生活圈可以容納什麼樣的人、可以深交什麼樣的人，不再為走失的友誼而玻璃心，不再為逝去的人與事而久久停留。

時刻保持一種勤勉的態度，以及方寸之內的真心；去容納更多可能會在某一天走失的人與物，去接受生活中隨時都可能結束的情感。生活不過是，一日三餐，二三摯友，以及猝不及防的接受與失去。

找回生活的平衡感

當你開始有意識地與別人比較時，你就已經輸了。
因為你已經站在別人的人生隧道與既定的軌道上，
任你再怎麼超越也只是在別人的規則內玩，
從來不知道自己下一步的規劃是什麼。

01

早上九點多，用家裡新買的印表機列印上課用的資料。列印到一半，弟弟提醒我，墨水匣裡的墨粉快用完了。他說，等他上完網課幫我換。

我一想待會兒上課就要用了，時間好像來不及。於是自己就用那種平時醫院裡常用的粗針管抽吸墨水瓶裡的墨汁，再將四公分長的針頭插進墨水匣裡，將墨汁推進去。之後，重新啟動機器，一張張滿是英文字母的紙從印表機裡順利地下來了。整個注墨的過程一氣呵成，我覺得自己好像做了一件多麼了不起的事。

其實，最近我越來越留意自己做好的每一件小事。

比如：

每天早上在閱讀專業書之前，能給自己留五十五分鐘時間閱讀其他類型的書籍。

中午吃飯時，為了保證下午不打嗑睡，保證有足夠的精氣神上課、學習，會注意控制自己的飲食。

下午四點時，即使手上的待辦事項再多，也會刻意走到家的後門去看看外面的夕陽，看看一片油菜花的園地——湛藍的天空為它心甘情願地做底色，七色彩虹為它的蔥翠撐腰。

下午將近五點，我會去跑十公里，我最近用了一個星期的時間把體能恢復到了寒假之前的狀態，體重也開始恢復如初……

這些，都是最近發生在我身邊的事。它們讓我沉浸在時刻的歡喜之中，讓我保持對生活的驚喜與期待。最重要的，給不太完美的自己一份自信與底氣。

02

以前寫作時，一直擔心自己的思想深度不夠，文字不夠優美，措辭不夠精準，行文不夠有邏輯。這種沒自信的狀態讓曾經的我一旦接收到別人對我的文章的批評，我就會感到喪氣，萌生不敢下筆的念頭。我相信每一個寫作者都多多少少地有過和我相似的感受。

現在，看著自己敲下的每一個文字、從頭腦裡孕育出來的每一篇文章，我不再需要透過太多外界的肯定去給予自己寫下去的動力。因為，我深知自己的文字傳遞的是什麼，我知道自己為什麼一直在寫。最根本的，我開始慢慢地學會接受那個不太完美的自己。

我在很多地方雖然還遠不完美，但我一直試圖在當下的狀態中做到最好，這就已經足夠了。完美不是一種即時的能力，而是一種不斷刻意練習、不斷完善的過程。

之前，導師將我已經改了三次的論文發給我，並特地用紅筆、藍筆、黑筆做了批註和具體的修改意見，要我再試著重新完善。後來，導師可能覺得這樣的反覆修改會讓我感覺很挫敗，於是特意傳了一段鼓勵的話給我。我厚臉皮地回他：「在寄給老師之前，我就想好了，只要寫的論文裡有一句話是對的，我就很滿意了，剩下的，我可以一句一句地修改。」

這不是自我安慰，也不是強裝笑臉，而是越來越從容地接受那個不太完美且時時需要精進的自己。

因為敢於接受，所以做事從容很多，常懷空杯心態，才能不斷地汲取身邊人的正能量。

03

從容地做不完美的自己，但一定要做完美的個體。所謂完美的個體，是相對於大眾而言的。在競爭就業、工作升職、學習考證、買房買車等各種壓力劇增的形勢下，淡然地做好自己。不要與別人做比較，也不要因為什麼人束縛住自己。

當你有意識地與別人進行比較時，就會無意識地與別人進行各方面的攀比。比工作、比業績、比家庭、比收入，逐漸在心裡給自己上了一道枷鎖。

時時刻刻以別人為準繩來衡量自我的優與差，一旦感覺自己比別人優秀，就會滋生自傲自大的情緒；一旦意識到自己比別人差，就會焦慮

失控，每時每刻活在患得患失的狀態中。於是，漸漸地，你的每一次心情起伏都伴隨著他人的一言一行，逐漸失掉了自己生活的平衡感。

當你開始有意識地與別人比較時，你就已經輸了。因為你已經站在別人的人生隧道與既定的軌道上，任你再怎麼超越也只是在別人的規則內玩，從來不知道自己下一步的規劃是什麼。

只有將全部的精力用於關注自己當下的生活、當下所做的每一件事，不和別人比，而是和前一年、前一個月、前一周甚至前一天的自己比，你才會在自定的軌道上越走越遠。

當量變化為質變，你自然會得到你想要的生活。

04

家喻戶曉的摩西奶奶，出生在美國紐約州格林尼治區一個普通的農民家庭，幼時曾讀過幾年書，從事女傭工作十五年。

二十七歲時，摩西奶奶與雇農湯瑪斯·摩西結婚，後重回紐約，在離她出生地不遠處生活了將近三十年，並開始刺繡。

七十六歲，摩西奶奶因關節炎放棄刺繡，開始嘗試繪畫。

八十歲時，摩西奶奶在紐約舉辦個人畫展，引發轟動，風靡美國。

到摩西奶奶一〇一歲去世，時任美國總統甘迺迪致訃告詞，稱其為「深受美國人民愛戴的藝術家」。

在作品《人生永遠沒有太晚的開始》中，摩西奶奶說：「生活是我們自己創造的，一直是，永遠是。」

「有人總說，已經晚了，實際上，現在就是最好的時光。對一個真正有所追求的人來說，生命的每個時期都是年輕的，及時的。」

摩西奶奶用自己的一生告訴我們，永遠不要被年齡、職業、教育水準及一時不如意的境況所限制。

除了這些，我想，**我們也要練就一顆強大的內心，敢質疑、批判、解構一些東西，但同時也給自己的內心騰出一些空間，去接納積極的、有價值的營養，不斷使自己保持如海綿一般的狀態，從容地做不完美的自己，勇敢地做不完美的個體。**

我們需要一些踏實的日子

人還是要保持對細碎的生活感到滿足的能力，
比如駐足一段迷人的風景，品嘗久違的美食，
重溫熟悉的街角，挑選喜歡的服飾，感知剎那的溫柔，
這些看似零碎的生活片段
卻常常是通往幸福生活的秘密通道。

01

在大學裡，大都是矗立著的教學大樓，滿目玻璃、水泥、石板。

我最喜歡的地方，是宿舍門旁一塊栽種各色花朵的土地。有一種野玫瑰，大紅色的花瓣，含苞待放的樣子總會讓我想起小時候奶奶家門前種的月季。

小時候，月季花開了，我會把它摘下來試著悄悄戴在頭上，還會搗碎了擠出紅汁水，連同碎花瓣一起抹在手指甲上，用細樹葉包好，過一陣子，把它們拿掉，指甲就被染成了嫩紅色，心裡覺得很美好。

有一陣子，學業很緊繃時，每天最讓我感到愉悅的時刻是：

清晨，整個校園還沒有完全睡醒，站在圖書館外面的走廊上背書，抬頭滿目可見遠山、湖泊、楊柳，在眼中映成了一幅很清雅的畫卷。

下課時，從教學樓後門出來，看見遠處大大小小的樹枝上好像繡著五顏六色的花朵，紅的、綠的、黃的……

晚上十點半，一個人背著書包從圖書館出來，一邊戴著耳機聽音樂，一邊抬頭看深邃如謎的夜空。

我們學校有一座天橋，將學校的南區北區連接起來，很特別的是，剛好天橋旁邊有一棵參天大樹。如果哪天空氣裡有厚重的霧氣，天黑時，又剛好有人從橋上走過，你在離天橋不遠的地方看，在燈光的照耀下，一片朦朧的銀色，就好像那人是走在雲端裡，有一種很脫俗的感覺。

每次見到這種景色，我緊鎖的眉頭總能一下子舒展開來。這些日常中很容易被忽略的細微之處，時常在我感到沮喪時，帶給我一些生活的期許。

02

前段時間看《娛樂至死》，作者波茲曼在書中提到這樣一種觀點：鐘錶的發明把時間從人類的活動中分離開來，並且使人們相信時間是可以以精確而可計量的單位獨立存在的。分分秒秒的存在不是上帝的意圖，也不是大自然的產物，而是人類運用自己創造出來的機械和自己對話的結果。

鐘錶使人變成遵守時間的人、節約時間的人和現在拘役於時間的人。在這個過程中，我們學會了蔑視日出日落和季節更替，因為在一個由分分秒秒組成的世界裡，大自然的權威已經被取代了。

回想自己的生活軌跡，有時候真的有一種生活被拘役於時間的感覺。特別是最近這些年，習慣每天將自己的生活安排得滿滿的，具體到什麼時候起床、吃飯、睡覺、休息。一開始，這種精確的安排確實會讓自己的學習效率大大提高。可時間長了之後，就形成了一種無論什麼時候，和什麼人在一起，都有一種時間上的緊迫感。一旦某一天稍微按下暫停鍵，肆無忌憚地休閒放鬆，就會產生一種蹉跎歲月的負罪感。

對生活的精確規劃，讓我整個人變得理性大於感性。待人接物、交往做事都顯出十足的理性。甚至對於每件事情的安排，都要求分毫不差地去付諸行動。但其實，在心情煩悶時，我還是更喜歡看一些好看的圖片、有趣味的散文、小說、電影這些感性大於理性的東西來紓解情緒。

03

記得曾有過一段足不出戶的日子，在那段日子裡，我整個人心境清明疏朗，甚至體驗到一種久違的快樂。這種快樂不是來自故意偷懶、整天無所事事，而是一種來自生活的純粹的快樂。

我不再爭分奪秒，我會在清晨起床給自己倒一杯檸檬水，站在後門外的小菜園裡，觀察日出的繽紛，大口地呼吸小鎮中獨有的新鮮的空氣。我會在絕大多數的下午，趴在房間的窗戶上去看落日黃昏，觀察頭頂的那一片天空、白雲、陽光。

天氣晴朗時，每到上午九點，陽光都會透入臥室的玻璃窗紗，為粉色的棉被鍍上一層明暗有致的光暈。每當這時，我都會停下手頭正在做的事，滿懷欣喜地看著房間裡的一切：床被染成了淺粉色，書櫥被染成了淡黃色，一切都顯得那麼柔和。

午休結束後，我常常會下樓炸火腿。將切好的火腿一段一段地放進油鍋裡，看它們在鍋裡翻滾，直到煎至外皮酥脆金黃，再逐一將它們串上竹筷，灑上些許辣椒粉。一份給我和明喆，一份給弟弟，還要留一份給正在睡覺的老媽。

到下午五點左右，明喆會喊我去打羽毛球。我的技術很蹩腳，他像個教練，總是叫嚷著糾正我的動作，要我加快接球速度，我想，他大抵是覺得我平時體質不太好，是在變相督促我多運動，多出汗，多排毒吧。

就這樣，每天都有時光可戀，有人可伴，所以倒也並不覺得無聊，不覺得煩悶，用空閒的口子來放空自己的頭腦，梳理過去的點點滴滴，挺好。

04

有時候，身為學生的我們，會面對各種各樣的壓力、競爭、焦慮。我們被推著往前走，每個人都像一台高速運轉的機器。一旦你決定停下來，而其他人還在全力運轉，就會有一種落後感。這種感覺會使我們不敢放鬆，推著我們每時每刻都逼迫自己啟動，加速，再加速。

生活不再擁有生活本身的樣子，不知不覺間，我們讓自己在社會上的標籤主宰了自己的全部：學生，就應該埋頭學習，時時刻刻面對升學、分數、成績的壓力；職場人士，就應該一心撲在工作上，時時刻刻面對生計、競爭、升遷的焦慮。

最近這幾年，身為學生群體中的一員，我明顯感覺到了所謂的群體的焦慮。這種焦慮不僅來自當下，也來自看不見的以後，包括工作、薪資、買房、買車，等等。

群體的焦慮是伴隨著時代的發展而來的。知識付費的時代，我們渴望快速學到各種方法、技巧，恨不得什麼都是速成的，但似乎忘記了其實每一天的生活本身就是最大的知識寶庫。我們從一日三餐中，從人與人之間的交流中，從瓜果蔬菜的生長中，從家用物品中，都能得到種種智慧。

記得那段在家的日子，我幾乎每天都會花一些時間在廚房待著。明喆削水果時，我望著他拿的水果刀，對他說，這種水果刀的設計真實用。倒水的時候，我對明喆說，這種瓶塞的設計者真有智慧。我不懂科技，不懂發明，但生活告訴我，越具實用性的、越能讓人們的生活產生便利感的，越是好發明。

其實，無論科學、哲學，還是文學等一切學科的發展，都是為了讓人們的生活變得更好，而一旦脫離生活實際，它們就會變成水中月，鏡中花。

所以，即便再忙碌，我們也需要時不時地給自己的日子騰出一些空間去容納實實在在的踏實的日子。

05

想起曾讀過的《垃圾場長大的自學人生》，書中講述了作者本人——一位偏鄉女孩成長蛻變的歷程。

作者泰拉是一個十七歲前從未踏入過教室的女孩。她的童年與廢墟場的破銅爛鐵為伴，那裡沒有讀書聲，只有機械的轟鳴聲，只有父親所灌輸的不上學、不就醫的思想。

專制的父親、軟弱的母親、暴力的哥哥、封閉保守的家庭……這些並沒有束縛泰拉尋求教育的渴望。她自學通過了楊百翰大學的入學考試，後一路進入哈佛大學、劍橋大學深造。

泰拉在書中寫道：「我所有的奮鬥，我多年來的學習，一直是為了讓自己得到這樣一種特權：見證和體驗超越父親所給予我的更多的真理，並用這些真理構建我自己的思想。」

無論在家庭生活，還是在學校教育中，泰拉一直都在尋求用自己的知識、頭腦，去擺脫父母所灌輸的思想認知，以形成自己對於世界的全新認知。她不想終生依附他人，她想透過自己的感受、經歷、視野，蛻變成真正的自己。

多年之後，她寫道：「那天晚上我召喚她，她沒有回應。她離我而去，封存在了鏡子裡。在那一刻之後，我做的決定都不再是她會做的決定，它們是由一個改頭換面的人，一個全新的自我做出的選擇。你可以用很多說法來稱呼這個自我：轉變、蛻變、虛偽、背叛，而我稱之為教育。」

在泰拉眼中，教育意味著獲得不同的視角，理解不同的人、經歷、歷史，從而一次次重塑自我。

《垃圾場長大的自學人生》這本書看似是一部對主人公勵志人生的書寫，但字裡行間透露出的卻是作者泰拉對人生的思考。這種思考貫徹她的一生。雖然泰拉在十七歲之前並沒有上過學，但是當時的她卻已經擁有有別於大多數接受學院教育的學生不一樣的思維和強烈的求知欲，而這才是決定她一生走得更遠的核心。是以往的生活經歷以及在接受教育的過程中對真理、對求知的欲望，使塔拉最終蛻變成了真正的泰拉。

有時候，人一旦想清楚自己要追尋什麼、想成為什麼，那她對生活的思考、對知識的理解就會在無形中更新反覆運算。

很多時候，人們太在乎外界的聲音，而很少去反觀內心世界。比如，有很大一部分學生群體在想要考證照、升學、就業時，他們的本能做法是先去尋求外界的聲音，向有經驗的人打聽考證難不難、競爭大不大。殊不知，他人的認知很多時候會嚴重限制自己看待事物的眼光，會很容易使自己活在對事物的恐懼中，嚴重的甚至會埋沒自己的內在潛能。

無論什麼時候，我們更需要做的，都是花更多的時間去感受實實在在的生活本身，去向生活本身尋求真相，去向內探求自我的聲音。

06

忙碌，其實並不僅僅是某一個個體存在的現象，也是一個個群體狀態的折射。

隨著年歲漸長，就業的壓力、激烈的競爭、現實與期待之間的落差以及種種生活中面臨的兩難抉擇，這些迫使我們害怕失敗，害怕犯錯，恨不得所走的每一步都是最佳且永遠都不會後悔的選擇。一切的一切，好像都要使人變得功利化。

可我們還是時不時地會貪戀、享受那些感性的東西，比如一段悅人的音樂、一幅柔美的畫面、一篇優美的散文、一部觸動人心的小說……這些不是生活的全部，但卻影響了整個人生活的心態。有它們在，我們無論處於怎樣的生活境遇，總會不自覺地在內心保留一份向美而生的期待。

想來，人還是要保持對細碎的生活感到滿足的能力，比如駐足一段迷人的風景，品嘗久違的美食，重溫熟悉的街角，挑選喜歡的服飾，感知剎那的溫柔，這些看似雞毛蒜皮的生活片段卻常常是通往幸福生活的秘密通道。

愛，支撐著我們走得更遠

我漸漸領悟到，
只有愛，
才能讓一個人義無反顧、拚盡全力走到最後。

01

又是一年中秋。

前幾天打電話給老媽，請她寄幾盒家鄉的月餅給我。其實學校大大小小的超市都有販售各種月餅，班級以及各個學科的老師也都陸陸續續發給學生一些中秋月餅。這些月餅大都包裝精美甚至都是響噹噹的大牌子。可不知道為什麼，越臨近中秋，我越想念的，竟然是小時候自己最討厭的老家的五仁月餅、芝麻月餅和椒鹽月餅。家鄉的月餅包裝很簡陋，五個圓圓的月餅裝在一個透明的圓柱形的塑膠盒裡，塑膠盒表面貼著喜慶的大紅色標籤，像極了過年時家裡張貼的春聯。

小時候我最喜歡吃的月餅是超市裡很難買到的那種帶餡的月餅：芒果口味的、香蕉口味的、哈密瓜口味的……它們個頭小小的，用一個個透明的紙袋包裹著，看起來那麼小巧誘人，就像一件件稀有的舶來品。那是它們在一個小鎮女孩眼中最理想的月餅模樣。正因為如此，老家道道地地的、包裝簡陋的月餅曾遭到我的冷落與忽視。但家人依舊會按照慣例，在中秋晚上敬月時，在桌子上擺滿香蕉、蘋果、菱角、饅頭，以及必不可少的家鄉的五仁老月餅。

02

年少就離家讀書，在大城市待得越久，吃的月餅種類越多，就越想念家鄉的傳統老月餅。它們好像慢慢被時間鍍上了一層靈韻，有著某種特殊的象徵意義。

我想，那就是家的感覺吧。

大城市的燈紅酒綠、熙熙攘攘有時候會讓我發自內心地感受到一種冰冷，而這種冰冷，又會讓我更加懷念到來自小地方、家庭、親人的那種愛與溫情。這是我在其他任何地方都無法找到的情感歸宿。

03

深刻的體悟到這個道理，花費了我將近三年的光陰。

身為一個曾不顧親人的反對、一意孤行堅持求學的女生，我曾經怨恨他們的不理解。我認為他們可以說是背叛了我，這甚至給我曾那麼看重的親情蒙上了一層陰霾。

在那曾滿負壓力的三年裡，一個人求學的困難、經濟的窘迫以及情感上的空洞，讓我整個人被一種負面情緒驅使著一步步往前行走。憑著這股不服輸的韌性，我走到了自己期望的那個暫時的網站。

但當我如今開始在大城市與不同職業、不同身分的人打交道時，再回頭看，我開始理解人性中存在的某種很複雜的東西，我開始試著學會從不同角度去理解身邊的親人，並漸漸學會釋懷年少時心中存埋的怨懟的情愫。

04

如果說，當初是年少偏執與怨懟刺激自己走到了今天，那麼在經歷數年的城市生活之後，我漸漸明白，從今往後，支撐我走得更遠的，一定是愛。

對親人的愛，對戀人的愛，對朋友的愛，對一直默默關心我的人的愛，是這些正面的能量，讓我再一次鼓起更大的勇氣去面對是是非非、曲曲折折。

這麼想時，我其實是幸運的。有一直陪伴在身邊的戀人，有平安健康的家人，有可以訴說衷腸的密友，有一直深交的師友。每一個人生節點，我失去了某些珍貴的東西，但也收穫了某些可貴的深情。

我漸漸領悟到，只有愛，才能讓一個人義無反顧、拚盡全力走到最後。

寫這句話時，我突然很期待今年的中秋。

我不會再一個人，不會再漂泊異地，而是和愛的人在一起，和至親的家人在一起。我在自己從小到大的臥室入眠、安睡，聽窗外小鎮獨有的靜謐 ，以及偶爾回蕩在夜間的犬吠。

第二天早晨醒來，我會去小鎮的麵館吃一碗三十塊錢的青菜手擀麵；去早市看來來往往的菜販兜售自家種植的瓜果蔬菜，看草席上出售的各種各樣的手工零食；再搬一個板凳，聽對門老奶奶在太陽下聊天、看她擇菜；瞧家門口來來往往的鄰居走家串戶地閒聊。

這些，都足以讓人感到一種久違的質樸與溫暖。

當你讀懂了自己，
也就接納了生活

當你看懂了自己，也就理解了生活，
包括那些好的、壞的、
善的、惡的、自私的、虛偽的。

01

最近在網路上下單了克里希那穆提的三本書——《人生中不可不想的事》、《重新認識你自己》、《一生的學習》。

克里希那穆提，印度著名哲學家，二十世紀最偉大的心靈導師，在西方有著廣泛而深遠的影響。

克里希那穆提主張真理純屬於個人了悟，一定要用自己的光來照亮自己。他一生的教誨皆在主張幫助人類從恐懼和無明中解脫，體悟慈悲與至樂的境界。

這是書籍扉頁上，對他的一部分介紹。

他對我啟示很大的一點是，關於我們所謂的「思想」的理解。

克里希那穆提說：「所有的危機都存在於思想的本質中，思想製造出了這些外在和內心的困惑。」

初次閱讀到這句話我便被深深震撼了，它一語中的我對自己現狀的認知及對生活的思索。

關於思想的闡釋，克里希那穆提是這樣說的：「思想就是記憶、經驗和知識的反應。思想藉由『現在』投射出『未來』，它把『現在』修正、塑造、設計成了『未來』。」

「思想一直都是局限的，因為思想就是記憶、經驗、知識和積累物的反應。思想來自那種局限，因此思想永遠無法帶來正確的行動……你必須去看清它，而不是我。」

「你必須看清這個真相：也就是思想必須被瞭解，我們必須學習關於它的一切內容。它必須是一件對你來說無比重要的事，不是因為講話者這麼說了，講話者是沒有價值的。有價值的是你正在瞭解的東西，而不是你記憶的東西。」

「我們需要一個並非由思想所拼湊起來的頭腦和心靈。」

他進一步解釋：「當我徹底追蹤每一個思想直至它的根源和盡頭時，我將會發現那個思想自己就會結束，我不需要對它做任何事。因為思想就是記憶，記憶就是經驗的烙印，而只要經驗還沒有被充分、完全、徹底地瞭解，它就會烙印在那裡，然後把那個烙印作為一個事實與之共處的話——那麼那個事實就會打開，那個事實將會結束思考的特定過程。」

「由此每個思想、每個感受都會被瞭解。於是大腦和心靈就從那一大堆記憶中解脫出來。」

02

我發現，自己在閱讀克里希那穆提的文字時，內心會有一種從未有過的寧靜，彷彿周身之外皆是一片澄澈，連一張一弛的呼吸都格外輕柔。每次感到極度不安時，我都會習慣性地坐下來讀幾頁他的文字，讓自己處於一種很舒緩平和的思緒流中。

一行行文字轉變為鮮活靈動的話語，映射在頭腦裡，讓整個人不自覺地隨著話語的節奏、韻律、修辭白觀、自省、自審。

在心靈與心靈的碰撞中，我漸漸明白：

當一個人真正全然接受了自己，看懂了自己那些人性深處的錯綜複雜的情感，並勇於去面對、承認、接受甚至坦然地感受它們帶給自己的每一點觸動，不管是痛苦的，還是喜悅的，把它們當作作為個體生命內心的一種自然的能量，你就會對自己更具有接納力、包容力。

當你看懂了自己，也就理解了生活，包括那些好的、壞的、善的、惡的、自私的、虛偽的。

到那時，正如克里希那穆提所說：「你不能依賴任何人，事實上並沒有嚮導，沒有老師，也沒有權威，只有靠你自己——你和他人，以及你和世界的關係——除此之外，一無所有。」

03

時常覺得，求學的過程中，在偌大的校園及各種人際關係中，我感受到的是一種孤寂。但也正是這種孤寂讓我實實在在體會到了一種更加豐盈的情緒。十二分的孤獨，由拒絕到接納，由接納到恐懼，由恐懼到包容，由包容到享受。

想起前幾天和閨密通電話時，她問我：「你一個人在學校有沒有什麼關係比較好的朋友。」我回答她，暫時還沒有。

研究所一班最多不過六人，一個寢室四人，都可能是來自不同的研究領域。大家早出晚歸，獨來獨往是一種生活常態。

她說，你這樣好孤獨。我說，不會呀，現在的我很享受這種感覺。宿舍、圖書館、教室是我三點一線生活的地方。我用自己的方式給自己創造了一個理想中的生活狀態。

不上課的日子，我就泡在圖書館裡閱讀、備課。週六是休息日，我會選擇一處附近的景點，獨自一人出校游玩；或者像往常作息一般泡在圖書館裡，這樣的一天一般是安排好的觀影日——透過看一部部電影，讓眼睛與耳朵、聽覺與視覺代替自己駐足於銀幕裡的每一處風景。

我知道，自己在試著實現讀萬卷書的理想，至於行萬里路，就順其自然讓未來去揭曉吧。

我獨自散步在校園裡，走走停停，停停走走，池塘裡的荷花開了又謝了，荷葉泱泱地睡在一蓮池水中央。

一個人的異地生活，一個普通的學生，在偌大的校園，實踐著自己渺小又豐盈的生活，是現在，也是未來。

優生活 217

你要努力生活，也要善待自己

作者——芃芃
副主編——朱晏瑭
封面設計——Ivy_design
內文設計——林曉涵
校對——朱晏瑭
行銷企劃——謝儀方

第五編輯部總監——梁芳春
董事長——趙政岷
出版者——時報文化出版企業股份有限公司
一〇八〇一九臺北市和平西路三段二四〇號七樓
發行專線——（〇二）二三〇六六八四二
讀者服務專線——〇八〇〇二三一七〇五
（〇二）二三〇四七一〇三
讀者服務傳真——（〇二）二三〇四六八五八
郵撥——一九三四四七二四　時報文化出版公司
信箱——一〇八九九臺北華江橋郵局第九九信箱

時報悅讀網——www.readingtimes.com.tw
電子郵件信箱——yoho@readingtimes.com.tw
法律顧問——理律法律事務所　陳長文律師、李念祖律師
印刷——勁達印刷有限公司
初版一刷——二〇二三年六月九日
定價——新臺幣三〇〇元
（缺頁或破損的書，請寄回更換）

時報文化出版公司成立於 1975 年，並於 1999 年股票上櫃公開發行，於 2008 年脫離中時集團非屬旺中，以「尊重智慧與創意的文化事業」為信念。

ISBN 978-626-353-926-6　　Printed in Taiwan

你要努力生活,也要善待自己/芃芃作. -- 初版.
-- 臺北市 : 時報文化出版企業股份有限公司,
2023.06
面；　公分

ISBN 978-626-353-926-6(平裝)
1.CST: 自我實現 2.CST: 生活指導

177.2　　112008161